EXPÉDITION ANGLAISE

AU

POLE NORD

EXPÉDITION ANGLAISE

AU

POLE NORD

(1875-1876)

RELATION DU VOYAGE

Effectué par les bâtiments de S. M. Britannique « ALERT » et « DISCOVERY »

SOUS LE COMMANDEMENT

DU CAPITAINE NARES

TRADUCTION

DE M. F. LE CLERC

Officier de marine.

Accompagnée de vignettes coloriées et d'une carte

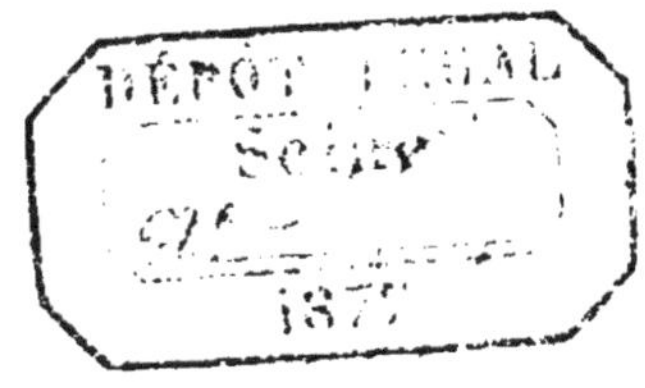

PARIS

CH. DELAGRAVE

ÉDITEUR DE LA SOCIÉTÉ DE GÉOGRAPHIE

58, RUE DES ÉCOLES, 58

AVERTISSEMENT

La relation du voyage du capitaine Nares aux régions arctiques s'adresse aux gens du monde et aux marins. Nous avons cependant cru devoir lui conserver son caractère essentiellement maritime et maintenir dans toute leur intégrité les nombreux termes de marine que l'auteur a dû employer.

Pour l'intelligence du récit, il faudra donc avoir recours aux renvois explicatifs, et surtout consulter la carte qui accompagne le texte.

F. L. C.

EXPÉDITION ANGLAISE

AU

POLE NORD

Aperçu général sur l'expédition du capitaine Nares comparée à celles qui l'ont précédée.

La reconnaissance de la région aussi vaste qu'inconnue qui avoisine le pôle Nord est d'une importance scientifique considérable et d'un intérêt sans cesse croissant, étant donné que les expéditions arctiques, toujours populaires dans le monde de la marine, ont ouvert aux hommes de mer un champ fertile où leurs qualités professionnelles trouvent un emploi fécond.

C'est sous l'empire de cet énergique sentiment que tous les vrais amis de la marine et des entreprises qui s'y rattachent, virent avec regret l'abandon complet dont ces expéditions furent l'objet de la part du Gouvernement britannique, après le retour de l'expédition de Belcher, en 1854.

Sherard Osborn se fit le persévérant et patient avocat de nouvelles recherches dirigées vers le pôle Nord, et mit au service de sa cause des arguments tellement sérieux et irréfutables que ses idées finirent par gagner du terrain.

L'opposition qu'on lui faisait s'affaiblit peu à peu et

l'unanimité de vues finit par s'établir parmi ceux qui faisaient autorité en matière d'exploration arctique. Après dix ans d'un plaidoyer que la fatigue n'avait pas arrêté, Osborn eut le bonheur, quelques mois avant sa mort, de voir la presse d'abord et ensuite le Gouvernement, que suivit bientôt l'opinion du pays, adopter ses idées à peine écoutées en 1865.

Mais, à mesure que ses arguments gagnaient du terrain, ils se trouvaient compromis par la regrettable confusion que le public fait si facilement entre une expédition scientifique destinée à explorer une vaste région inconnue et la recherche aussi folle que fantastique du pôle Nord.

Les géographes sauront, espérons-le du moins, sauvegarder dans l'avenir le but véritable d'une expédition qui s'organiserait pour poursuivre ou compléter, s'il y a lieu, un voyage de découverte vers les régions encore inconnues.

Le problème que Sherard Osborn eut à se poser fut le choix de la route la meilleure pour atteindre et explorer l'objet de ses études. Il était évident que l'œuvre principale ne pouvait être complétée que par plusieurs expéditions successives attaquant par différentes routes la région à explorer. Une nouvelle expédition arctique étant résolue en principe, il y avait donc à décider par quel passage elle pénétrerait avec le plus d'avantage et de chances de succès au sein de la région inconnue et comment elle atteindrait un point où les moyens dont elle pourrait disposer seraient le plus utilement employés.

La route par le détroit de Lancastre, route à jamais célèbre par la mort de sir John Franklin et du lieutenant de vaisseau Bellot de la marine française, fut écartée en principe. Au moins la mort de ces héros donnait-elle un élément certain à la solution d'un problème que le voyage de Mac Clintock en 1858 avança singulièrement.

Sherard Osborn choisit la route par le canal de Smith ; et après qu'il eut présenté pendant dix années consécutives, sous tous les aspects possibles, son projet au public et au Gouvernement, l'expédition arctique fut enfin résolue et le canal de Smith choisi pour le théâtre de ses fatigues et de ses labeurs.

Le but de l'expédition était de conduire un bâtiment, au milieu du dédale d'une région complétement inconnue, au delà des chenaux aboutissant au canal de Smith et d'explorer la mer nouvellement découverte, en même temps que de tracer le contour des côtes jusqu'au point le plus éloigné que les moyens de l'expédition permettraient d'atteindre. La publication du rapport du capitaine Nares montrera comment le chef réussit, de la façon la plus admirable, à accomplir la première partie de sa mission, en faisant hiverner ses navires au milieu même de la région inconnue et comment ses officiers s'acquittèrent de la façon la plus heureuse des explorations en traîneaux.

Les esprits avides de recherches scientifiques et enthousiastes de découvertes désirent avec impatience des détails plus complets. Mais, en attendant, il semble opportun de discuter la place que dès aujourd'hui l'expédition de Nares occupe au milieu des voyages similaires dans les régions arctiques.

Établissons d'abord sur quelles données une expédition arctique peut être regardée comme réussie ou comme manquée.

Dans le siècle présent, le but apparent de ces expéditions est habituellement défini par l'idée de rechercher un passage au nord-ouest, ou d'atteindre un certain point imaginaire sur la surface du globe ; et comme jamais aucun de ces deux résultats n'a été obtenu, aucune expédition, si on la juge sur d'aussi absurdes données, n'a été couronnée de succès.

Si, au contraire, on juge de la valeur d'une expédition par les résultats qu'elle fournit, aucune de celles faites jusqu'à présent ne saurait être considérée comme un insuccès. Presque toutes ont avancé nos connaissances géographiques au delà du point de départ. Les voyages de Parry eurent pour but principal de compléter l'hydrographie anglaise, d'observer la déclinaison et l'inclinaison de l'aiguille aimantée, l'intensité magnétique, l'effet des aurores boréales sur l'électromètre, les phénomènes de la réfraction, les courants, les marées, d'avancer l'étude de la météorologie et d'enrichir les collections d'histoire naturelle. Ce problème étant posé, la réussite était assurée si Parry réussissait à conduire son navire au milieu d'un pays inconnu où aucun bâtiment n'avait pénétré avant lui.

Son troisième voyage fut sans résultats ; mais quand le succès est si difficile à atteindre et que l'insuccès même met en relief tant de nobles qualités, la nation anglaise est, à bon droit, aussi fière de l'échec d'hommes tels que Parry et Back que d'une réussite dont leurs efforts étaient bien dignes.

Le succès d'une expédition arctique est garanti par l'hivernage du navire au sein même de la région à parcourir, et la valeur du résultat peut se mesurer à la grandeur des difficultés surmontées. L'expédition du capitaine Nares, à ce point de vue, se place au premier rang.

Tous ceux qui se sont avancés à l'ouest du détroit de Lancastre ont réussi à profiter de canaux coupés dans la glace, d'un parcours tout aussi facile que ceux que suivent les baleiniers de la mer de Baffin. Il n'y a que Mac Clure qui ait eu à lutter contre des difficultés semblables à celles que la glace opposait au capitaine Nares; en plus, le caractère spécial de la navigation dans les chenaux qui aboutissent au canal de Smith, rehausse singulièrement le mérite d'avoir tracé par la force la route du navire au milieu de tant de dangers.

Le 29 juillet 1875, à 8 heures du soir, les deux bâtiments placés sous les ordres du capitaine Nares aperçurent la première glace à 15 milles au nord du cap Isabelle, et à partir de ce jour jusqu'au 1er septembre la traversée ne fut plus qu'une lutte continuelle, dans laquelle une habitude consommée du métier de la mer, une patience au-dessus de toute épreuve, une décision rapide, une connaissance approfondie des marées, des vents et des courants, une infatigable énergie parvinrent à vaincre des obstacles sans précédents dans les expéditions passées.

Le capitaine Nares, dans son rapport, fait ressortir l'impression décevante que ressentent naturellement ceux qui, d'une station élevée, contemplent une mer que la glace ne borde pas entièrement. De l'île de Littleton, un observateur inexpérimenté aurait pensé qu'il existait une mer libre autour du Pôle; au cap Sabine, à 25 milles de là, il aurait au contraire conclu que tout progrès en avant lui était pour toujours interdit. Le capitaine Nares ne se laissa tromper par aucune de ces apparences. Pendant trois jours il se tint aux aguets pour découvrir une coupée dans la glace ; et enfin, quoique la banquise principale restât impénétrable à sa partie nord, elle s'écarta de la terre et lui permit de contourner le cap Sabine et d'entrer dans le canal de Hayes. C'est alors que, découvrant le long de la côte nord, une partie de mer libre de glaces, il fit entrer les deux navires dans la banquise, avec l'espoir d'y frayer sa route par la force. Dans cette navigation hérissée de difficultés, la hardiesse et l'audace sont en effet aussi utiles que la patience, et il est précieux de savoir dans quel cas l'une de ces qualités doit dominer l'autre. Pendant les 24 heures qui suivirent, ce fut une lutte continuelle à travers la banquise, pour gagner le rivage.

Au delà du cap Frazer, la nature de la banquise changea ; les glaçons très-anciens, épais de 4 à 5 mètres et au delà, ressemblaient à de petites collines se pressant l'une contre l'autre. Le mouvement incessant de ces lourds glaçons se mordant l'un l'autre, semblables à de gigantesques cisailles, mettait en grand danger les navires, qui eussent été infailliblement et instantanément écrasés s'ils s'étaient laissés saisir par de semblables glaces. Le 19 août, les deux bâtiments avaient atteint le cap Hayes, et le capitaine Nares fit, aussi judicieusement que hardiment, route pendant 2 milles à travers la banquise, ce qui lui permit d'atteindre une partie de mer libre contournant le cap et d'entrer ainsi dans le chenal de Kennedy. Dans la journée du 21 août, l'expédition se força un passage à travers 3 milles de lourds glaçons rapprochés, et entra enfin dans des coupées libres de glaces qui lui permirent de traverser tout le chenal de Kennedy et d'atteindre la baie de Bessel. Le 24 elle traversa le chenal à la vapeur, et arriva dans une rade bien abritée à l'entrée de la baie de Lady Franklin par 81° 44′

nord, baie qui fut choisie pour les quartiers d'hiver de *la Discovery*.

Le matin du 26 les deux navires se séparèrent. La banquise, qui toute la journée avait dérivé au sud, se sépara légèrement de la terre. Le capitaine Nares s'empressa de profiter de cette route qui lui était offerte; mais au large du cap Beechey un abordage avec un gros glaçon flottant fit au gouvernail de *l'Alert* une avarie sérieuse. En même temps la banquise serrant le navire de près contre le cap, le capitaine prit la résolution de l'abriter en dedans d'une glace échouée et fit changer le gouvernail.

L'Alert atteignit ainsi la baie de Lincoln, où bientôt une banquise de 25 mètres d'épaisseur l'enveloppa complétement. Les premières glaces d'un caractère aussi formidable avaient déjà été aperçues près du cap Frazer, mais en morceaux détachés. En marchant à toute vapeur, le bâtiment finit par se ménager un espace libre de glaces, en faisant machine tantôt en arrière, tantôt en avant, et la banquise providentiellement doublée (1) pour le moment, il put atteindre de nouveau le rivage de la baie de Lincoln. Le vent fraîchit alors du sud-ouest, et le 1er septembre *l'Alert* franchit le chenal de Robeson, dans une coupée entre la terre et la banquise, fuyant devant le temps à sec de toile avec une vitesse de 9 nœuds 1/2 (2) à l'heure.

A midi le vaillant navire était par 82° 24′ nord, la latitude la plus élevée qu'eût jamais atteint un bâtiment

(1) On dit en marine *doubler un danger* pour exprimer qu'on est passé d'un côté de ce danger où le navire n'a plus rien à craindre.

(2) 17 kilomètres 1/2 à l'heure.

quelconque, et le pavillon à queue blanche (1) hissé à la corne.

En gagnant dans l'ouest, à l'entrée nord du chenal de Robeson, le vent tomba à plat et le navire dut mettre à la vapeur, quand au large du cap Sheridan la coupée cessa tout d'un coup, la banquise tenant de nouveau au rivage.

A partir du chenal de Robeson la terre, qui jusque-là n'était que falaises creusées par de larges précipices, perdit son caractère abrupt, et tout le rivage, jusqu'à une distance de 100 à 200 mètres, était obstrué par une épaisse masse de glace formant une frange de masses détachées s'élevant de 10 à 20 mètres au-dessus de l'eau et échouées par des fonds de 16 à 24 mètres. Ces masses n'étaient en réalité que des parties détachées de la mer de glace, la glace flottante ayant en moyenne 25 mètres d'épaisseur.

Ainsi l'océan Polaire apparaissait exactement le contraire d'une mer libre et ouverte. Le capitaine Nares constatait que son bâtiment était entré dans cette même *mer de glace ancienne*, que Collinson et Mac Lure avaient vue au large de la côte d'Amérique et de l'île de Banks. On peut maintenant juger pleinement du succès de l'expédition. Nares a conduit son navire dans la mer la plus nord que jamais quille ait labourée, il a traversé le dédale de cette région inconnue, et hiverné sur une côte encore inexplorée en face d'un océan nouveau par 82° 27′ de latitude nord. Par ce fait seul, l'expédition s'est assuré le succès, et cela au prix de difficultés et de dangers prolongés, tels qu'à l'excep-

(1) Les couleurs de la marine royale britannique sont à queue blanche au lieu de rouge.

tion de *l'Investigator*, aucune expédition précédente n'en avait rencontré ni vaincu de semblables.

Les voyages en traîneaux, introduits par sir Léopold Mac Clintock, lorsqu'il servait sous les ordres de sir James Ross en 1848-49, vinrent accroître singulièrement les moyens mis à la disposition des explorateurs pendant les campagnes arctiques. On ne peut donc établir aucune comparaison entre ce que les expéditions anglaises accomplirent avant 1850 et ce qu'elles firent après. On peut dire que l'œuvre de ces dernières commençait là où celle des premières prenait fin.

Le capitaine Austin, avec l'aide de Mac Clintock, en 1850-51, inaugura complétement le nouveau système d'exploration arctique. Les capitaines Collinson et Mac Lure mirent ce système en pratique avec avantage, mais ne se servirent ni du système de dépôt ni des traîneaux auxiliaires sur une aussi grande échelle. Au point de vue pratique, l'expédition d'Austin est donc le point de départ des explorations en traîneaux telles qu'on les pratique actuellement. Mac Clintock, Osborn, Mecham et Hamilton, officiers distingués qui servaient sous ses ordres en 1852-54, développèrent ce système et l'amenèrent à la perfection.

Nares devait assurer le succès de son expédition et la conduire plus loin qu'aucune autre, si, en se servant du navire comme point de départ, ses officiers continuaient à explorer la région environnante le plus loin possible avec les moyens mis à leur disposition. Il est facile d'établir si ce résultat a été obtenu en se reportant aux expéditions précédentes et en tenant compte des différences essentielles dans les circonstances de chacune d'elles. On verra que si tous ont admirablement fait leur devoir, la génération présente n'a rien à envier à celle qui l'a précédée, au point de vue de l'intelligence, de la patience, de l'audace et d'une opiniâtre détermination Ces qualités nécessaires au plus haut degré ne lui manquèrent certainement pas! On peut partager les voyages en traîneaux en trois sections, selon les époques pendant lesquelles ils sont faits. D'abord, le voyage d'automne, alors qu'on dispose, aussi loin que possible en avant, des dépôts destinés aux traîneaux de printemps. Ensuite viennent de petits voyages tout au commencement du printemps, voyages entrepris seulement pour quelque service spécial. Enfin vient l'œuvre principale du printemps, où chacun se met en route avec ses auxiliaires.

Les voyages d'automne sont certainement la besogne la plus dure et la plus ingrate, la plus fatigante et la plus dangereuse. Le capitaine Austin les inaugura pendant l'automne de 1850, mais seulement à l'état d'essai. Mac Clintock fut absent pendant 7 jours, du 2 au 9 octobre, le thermomètre descendit à — 23°; Robert Aldrich, absent du 2 au 6 octobre, et Sherard Osborn du 10 au 12 du même mois par une température de — 19°.

En 1852, pendant l'expédition de *la Resolute* à l'île Melville, ces voyages d'automne prirent un développement plus marqué.

Pendant ce voyage, Mac Clintock s'absenta d'abord pendant 18 jours, du 14 septembre au 2 octobre; et ensuite pendant 22 jours, du 3 au 25 octobre. Mecham, Nares, Hamilton et Pim quittèrent le navire le 22 septembre et restèrent respectivement absents 22, 23, 16 et 18 jours. Ainsi le capitaine Nares a fait un voyage d'automne plus long qu'aucun de ceux qui l'ont précédé dans les régions arctiques. Mac Clintock constata une température de —29°,4, quoique cependant la moyenne fût au-dessus de — 17°.

En 1854, Sherard Osborn resta dehors du 11 au 22 septembre.

Les voyages d'automne sont surtout pénibles parce que la glace, trop faible encore, fait courir le danger de passer au travers; les tempêtes de neige sont fréquentes, le froid humide et pénétrant, l'obscurité s'accroît chaque jour.

L'Alert commença ses voyages d'automne le 9 septembre, au moment du départ du lieutenant Aldrich; le 11, le capitaine Markham se mit en route avec les lieutenants Parr et Egerton accompagnés par dix-sept hommes, dans l'intention de conduire dans le nord deux canots à glace, pendant que la température était à — 10°.

Les canots furent conduits à 18 milles du navire, mais le voyage devint des plus pénibles à cause de la neige épaississant sans cesse. Les hommes travaillaient admirablement, ne se plaignant jamais, toujours gais; plus l'ouvrage était dur, plus ils avaient d'entrain et de bonne humeur. Le 14 le vent souffla en tempête furieuse du S. O. et la glace commença à se fendre. A peine avaient-ils serré leurs tentes, chargé leurs traîneaux et s'étaient-ils mis en route que, cinq minutes après, le morceau de glace sur lequel ils étaient, s'en allait en dérive à la mer. S'ils n'avaient pas observé à temps les craquements qui indiquaient la rupture de la glace, c'en était fait d'eux, rien n'eût pu les sauver de la destruction.

La bourrasque atteignit presque la violence d'un ouragan et les matelots, quoique travaillant avec une ardeur sans pareille, commençaient à donner des signes de fatigue; mais il n'y avait aucun abri pour camper. Le vent, qui était complétement debout, leur coupait la face sans merci, et de petits cailloux fouettés par la tempête les frappaient douloureusement en pleine figure.

Il n'y avait pas à songer à dresser une tente, et un des hommes, à bout de fatigue, tomba sur le sol en proie au délire, il fallut le charger sur le traîneau.

Le capitaine Markham se décida à faire route dans la direction du navire pour demander assistance, et arriva sur la plage opposée, tard pendant la nuit. Les tourbillons de neige étaient si épais, que quoique à peine à 100 mètres du bâtiment, il ne pouvait apercevoir que de rares lueurs des lumières du bord, et il se passa longtemps avant qu'un canot pût communiquer. Enfin il leur arriva de l'aide, et la petite troupe exténuée de fatigue put regagner le bord après 4 jours d'absence.

Tout cela n'était cependant que le prélude des voyages d'automne, qui, en réalité, n'avaient pas encore commencé. Le 22 septembre le lieutenant Aldrich, emmenant 2 traîneaux à chiens, se mit en route en éclaireur, et le 25 le gros de l'expédition quitta le navire sous le commandement du capitaine Markham, accompagné des lieutenants Parr et May, emmenant avec eux 3 traîneaux armés de huit hommes; ces traîneaux se nommaient *le Marco Polo*, *le Victory* et *l'Hercules*. La température était de —17°, au moment où les équipages de chaque traîneau prirent leurs postes respectifs et firent flotter le guidon de chacun des officiers.

La glace nouvellement formée sembla d'abord assez forte pour porter sans danger, mais à peine à 1 mille du navire le traîneau du lieutenant Parr, *le Victory*, passa au travers, et on fut plus d'un quart d'heure avant de pouvoir le haler de nouveau sur la glace solide. Deux milles plus loin *le Marco Polo* eut le même accident et sa tente fut complétement trempée.

Il devint alors nécessaire de se tenir à la naissance de la glace, et de suivre pas à pas les sinuosités de la côte, ce qui augmentait sensiblement la route. Pendant la soirée, la température tomba à — 19°, 5 et la tente mouillée passa à l'état de glaçon. Le premier jour la distance parcourue en bonne route fut de 12 milles. En fait la moyenne du parcours utile fut de 10 à 12 milles par jour pendant une absence de 20 jours, et quelquefois cette distance s'éleva jusqu'à 13 ou 14 milles. Les glaces anciennes étaient recouvertes de petits monticules de nouvelles congélations d'un bleu pâle, aussi unis que verre, ce qui rendait la marche à pied excessivement pénible et causait aux hommes une fatigue extrême pour y tirer leurs traîneaux.

Le voyage devenait des plus laborieux, empêché qu'il était par les tempêtes d'une neige aveuglante dont la couche augmentait sans cesse, par la glace à laquelle on ne pouvait se confier, la nécessité de porter à bras à travers la terre où les traîneaux ne glissaient plus, les changements brusques de température et enfin l'obscurité augmentant chaque jour davantage. Mais nos explorateurs marchaient toujours rapidement en avant, et, après avoir établi un dépôt à 50 milles du navire, franchirent le parallèle de 82° 45′ nord, latitude la plus élevée que jamais créature humaine ait atteinte. Le lieutenant Aldrich les y avait précédés avec les traîneaux à chiens. La température tomba à — 37°, et le soleil avait entièrement disparu depuis 4 jours, quand ils retournèrent à bord le 15 octobre après une absence de 20 jours.

Si l'on compare le voyage d'automne de *l'Alert* à celui de *l'Assistance* ou de *la Resolute*, on doit tenir compte de la différence en latitude. Le soleil n'avait pas abandonné *la Resolute* avant le 3 novembre, tandis que *l'Alert* le vit pour la dernière fois le 11 octobre. Il s'ensuit qu'au point de vue du froid et de l'obscurité, l'équipage de *l'Alert* éprouva en octobre ce que les hommes de *la Resolute* eussent éprouvé en novembre; or, personne ne fut hors de ce dernier navire pendant ce mois, les derniers absents ayant rallié le bord le 25 octobre. Le voyage d'automne de *l'Alert* a donc, au point de vue de la fatigue, des misères et du froid soutenus, éclipsé tous ses devanciers. Malheureusement ce brillant résultat fut payé bien cher. La moitié des hommes revint affreusement gelés, et trois d'entre eux, parmi lesquels se place un des meilleurs officiers du bâtiment, eurent à subir une amputation.

Un hiver dans les régions arctiques peut être considéré comme une période de préparation aux voyages du printemps. C'est au capitaine Austin qu'on doit rapporter tout le mérite d'avoir, pendant l'expédition de 1850-51, amené au dernier degré de perfection le mode d'hivernage, et depuis ce temps personne n'a pu perfectionner ses arrangements. Il servait sous les ordres de Parry, pendant son troisième voyage, et fut vivement frappé de l'importance de maintenir intactes la santé et la bonne humeur de ses hommes pendant l'absence prolongée du soleil. Si, jusqu'à présent, les bâtiments de l'expédition du capitaine Austin avaient été ceux où l'entrain, la gaieté et l'union s'étaient maintenus les plus vivaces au milieu d'un hivernage arctique, *l'Alert* et *la Discovery* ne leur cédèrent en rien. A bord du premier de ces navires, l'équipage fut constamment amusé et employé, sans que la discipline ait eu à en souffrir. Ainsi, ces longs jours d'obscurité, les plus longs que jamais humains aient eu à supporter, se passèrent sans que la force morale des hommes fût affaiblie, et quand le soleil vint de nouveau éclairer cette poignée de braves gens, chacun d'eux était, en apparence au moins, aussi plein de vie, d'énergie et de santé qu'au moment où il les avait abandonnés.

Le soleil fut absent du 11 octobre au 29 février, ce qui donne une période de 142 jours.

La seconde période des voyages en traîneaux comprend l'époque de certaines excursions fortuites, entreprises dans un but spécial, pour des raisons tout à fait particulières et au milieu du froid intense du commencement du printemps. Le capitaine Kennedy, accompagné du *lieutenant de vaisseau français Bellot*, fit un voyage de la baie de Batty à la plage Fury, dès le mois de février. En 1853, le lieutenant Pim et le docteur Domville furent détachés de *la Resolute*, le 10 mars, pour communiquer avec le capitaine Mac Clure dans la baie de Mercy. La distance était de 180 milles, le voyage dura 28 jours; mais le thermomètre ne tomba jamais au-dessous de — 25°,5.

Le capitaine Mac Clure partit de *l'Investigator*, le jour même de l'arrivée du lieutenant Pim, et accomplit le même voyage en 12 jours.

Richards et Osborn, avec six traîneaux, quittèrent *l'Assistance* le 22 mars 1853, traversèrent le chenal de la Reine pour établir un dépôt de vivres et de rechanges et revinrent le 29 mars, la température n'ayant pas descendu au-dessous de — 22°. Mais, en 1854, le commander Richards et M.-Herbert entreprirent un voyage bien plus pénible en plein mois de février. Ils partirent de *l'Assistance* le 22, rejoignirent *le North Star* le 28, après un voyage de 7 jours, pendant lesquels la température varia entre — 35° et — 41°. Le commander Richards rendit compte que ses hommes ne purent prendre aucun repos à cause du froid, si intense qu'ils eussent été incapables de le supporter davantage même par beau temps. Le 7 mars 1854, Hamilton et Nares quittèrent *la Resolute* par un froid extrême, le thermomètre marquant — 42°. May était parti quelques jours auparavant du bord de *la Resolute* pour rejoindre *le North Star*, et Richards quitta le second de ces navires pour le premier, le 16 mars, par une température de — 30°.

Mac Clintock et Allen Young restèrent en route du 15 février au 3 mars 1859, par une température variant de — 40° à — 44°. Allen Young resta absent du 18 au 28 mars. Enfin le lieutenant Payer du *Tegetthoff* constata une température de — 50°, pendant une absence hors de son bâtiment, du 12 au 20 mars 1874.

Tels sont les plus remarquables voyages arctiques qu'on puisse citer, entrepris pendant une période de temps restreinte, par des froids extrêmes. En les comparant aux voyages similaires accomplis par le personnel de *l'Alert* et de *la Discovery*, il faut encore tenir compte de la différence en latitude. Là où *la Resolute* hiverna, le soleil revint le 5 février, tandis que pour *l'Alert* il ne reparut que le 29 du même mois. Si bien que le mois de février des régions arctiques situées entre les parallèles de 70° et 80° nord, peut être regardé comme le mois de mars des lieux situés au nord du parallèle de 80°. Le 12 mars 1876, par une température de 37°, les lieutenants Egerton et Rawson, accompagnés du Danois Petersen, chargé des traîneaux à chiens, quittèrent *l'Alert* pour communiquer avec *la Discovery*. Quatre jours après, le thermomètre étant tombé à — 45°, 5, la petite troupe fut obligée de retourner sur ses pas, à cause de Petersen, tombé gravement malade. Il souffrait de crampes d'estomac, au point que rien ne pouvait le réchauffer. Les deux officiers creusèrent un abri dans la neige et réussirent à y faire monter la température jusqu'à — 13°. Ils se dépouillèrent alors de tous leurs vêtements chauds, et, aux dépens de la chaleur de leur propre corps, réussirent, grâce à beaucoup de persistance, à rétablir la circulation aux extrémités du malade. Pendant le voyage de retour Egerton et Rawson se comportèrent héroïquement et, quoique souffrant aussi de congélations extrêmement douloureuses, ils réussirent à conserver la vie de leur malade jusqu'à leur retour à bord. Il fallut cependant amputer des deux pieds le pauvre Petersen, qui succomba trois mois après, emporté par l'anémie.

Le 20 mars, nos deux lieutenants repartirent de nouveau par une température de — 34° et arrivèrent à bord de *la Resolute* au bout de 6 jours, après avoir gravi avec peine la glace du chenal de Robeson et les pentes neigeuses formées au pied de la côte bordée de falaises coupées par des précipices ; la température pendant ce voyage descendit à — 41°. Ils revinrent à bord de *l'Alert* le 4 avril, par ce même froid rigoureux.

Tous les officiers ayant l'expérience des mers arctiques conviendront que ces remarquables voyages d'Egerton et de Rawson prennent place parmi les plus difficiles accomplis par leurs prédécesseurs ; et ces braves jeunes gens ont noblement soutenu la réputation de l'expédition, en ce qui concerne la seconde période des voyages en traîneaux.

Mais l'œuvre principale, dont ces voyages prématurés d'automne n'étaient que le prélude, était réservée aux détachements dans diverses directions qui, accompagnés d'auxiliaires, devaient voyager en avril, mai et juin.

Le système fut inauguré par le capitaine Austin en 1851. Il avait cent quatre-vingts hommes sous ses ordres, ce qui lui permit de ne pas équiper moins de six détachements, devant rester dehors 60 jours et même davantage, si l'on pouvait se procurer du gibier. Chaque détachement emmenait un traîneau auxiliaire, pour établir un dépôt. Il forma deux divisions de trois détachements chacune: la division du sud aux ordres du capitaine Ommanney, accompagné de Sherard Osborn et de Browne; celle de l'ouest sous la direction de Mac Clintock, Robert Aldrich et Bradford. Ils partirent tous le 15 avril par une température de — 1°; mais après la première semaine de route le thermomètre tomba subitement, et quelques traîneaux constatèrent une température de — 37°. Ce froid intense ne dura que quelques jours et pendant le mois de mai le voyage devint très-agréable. Ommanney resta dehors 60 jours, sur lesquels il en passa 10 dans sa tente, retenu par le vent. Il parcourut ainsi 480 milles. Osborn resta absent 58 jours et Browne 43.

Dans la division de l'ouest Mac Clintock et Bradford restèrent 83 jours dehors pendant qu'Aldrich faisait une absence de 62 jours. Mac Clintock put prolonger son absence grâce à trois bœufs musqués, deux ours et un renne qu'il réussit à tuer; de sorte que son voyage fut de beaucoup le plus remarquable qu'on eût accompli jusqu'alors. Les autres divisions ne purent se procurer du gibier. Les détachements chargés de créer des dépôts restèrent dehors de 20 à 30 jours. Presque partout la glace était unie, avec quelques sinuosités accidentelles, et l'on pouvait parcourir facilement une moyenne de 10 milles par jour. Mac Clintock Mecham et Hamilton, à bord de *la Resolute* et de *l'Intrepid*, apportèrent avec eux les traditions de l'expédition d'Austin et les mirent à profit pendant l'hivernage de 1852-53, à l'île Melville. Ils disposaient de quatre-vingt-dix hommes, et l'on convint que, par un système de dépôts, deux expéditions lointaines commandées par Mac Clintock et Mecham, seraient approvisionnés pour une absence de 90 jours, en y comprenant les dépôts destinés aux voyages d'automne.

Ils partirent du bord le 4 avril, le thermomètre étant à — 17°. Mac Clintock eut la chance de tuer du gibier qui lui fournit 1,629 livres de viande fraîche, et put ainsi faire durer son absence pendant 105 jours, durant lesquels il s'éloigna à une distance de 229 milles du navire. Le nombre total de milles parcourus fut de 1,328.

Il avait avec lui dix hommes et deux traîneaux, et en plus un petit traîneau très-léger servant d'éclaireur et qui lui permit d'étendre la partie de côte examinée. Il revint à bord le 18 juillet, n'ayant pas éprouvé de température au-dessous de — 36°.

Mecham resta absent 94 jours et parcourut plus de 1,163 milles. Il était aussi accompagné d'un traîneau éclaireur. Pendant son voyage, le gibier tué lui fournit 1,275 livres de viande fraîche.

Hamilton resta dehors 55 jours et parcourut 675 milles au taux de 12 milles par jour. Il put tirer 126 livres de viande fraîche du gibier qu'il tua. Les voyageurs auxiliaires chargés des dépôts restèrent dehors de 40 à 50 jours; la meilleure besogne fut faite par Nares, le lieutenant de vaisseau français de Bray (aujourd'hui capitaine de frégate) et Roche. Ce dernier fit en traîneau à chiens un voyage remarquable à l'île de Beechey, parcourant ainsi 590 milles en 39 jours.

Pendant cette même année 1853, deux expéditions lointaines sous la conduite de Richards et de Sherard Osborn partirent de *l'Assistance*, pour l'île de Melville. Elles quittèrent le bâtiment le 10 avril par une température de — 20°, 5, qui pendant 3 jours descendit à — 29°. Richards rejoignit *la Resolute* au bout de 56 jours et s'y reposa 3 jours. Son voyage de retour lui prit 30 jours. Il parcourut en tout plus de 840 milles.

Osborn resta 97 jours absent de son bâtiment, mais sans marcher tout le temps. Il parcourut cependant 935 milles. Vers le milieu de juin, aucune pièce de gibier n'ayant fourni de la viande fraîche, un homme de son équipage et lui-même furent atteints de scorbut. Par bonheur, quelque temps après, il réussit à tuer trois rennes qui lui donnèrent 300 livres de viande fraîche, en sus de quelques canards et coqs de bruyère, ce qui coupa court au mal, enrayé d'ailleurs par une large distribution de jus de citron, qu'il trouva au dépôt de la baie de Lady Franklin. Les expéditions auxiliaires parties du bord de *l'Assistance* étaient commandées par W. May, Herbert et Lyall. Le premier resta 64 jours absent, le second 43 et le troisième 23; le voyage en traîneau le plus brillant qui ait été fait dans les régions arctiques, a été fourni par Mecham au printemps de 1854. Il quitta *la Resolute* le 3 avril et arriva aux îles de la Princesse Royale le 4 mai, où il eut des nouvelles du bâtiment de S. M. B. *l'Enterprise*. Le 17 du même mois, il se mit en route pour retourner à bord du *North Star* à l'île de Beechey et accomplit son retour après une absence de 70 jours, pendant laquelle il avait marché 61 jours, parcourant ainsi 1,336 milles au taux moyen de 20 milles par jour. Il put pendant ce voyage tuer un renne, trois lièvres et trente coqs de bruyère. Quoique la glace fût presque partout très-unie, en déduisant le temps employé à alléger son traineau et à ravitailler les dépôts, la marche fut des plus réussies, et le voyage de Mecham en 1854 restera probablement toujours le plus mémorable dans les annales des Explorations Arctiques.

L'Enterprise et *l'Investigator* firent ainsi de bonne besogne sous les ordres de Collinson et de Mac Clure. Murray Parke dans son expédition à l'île Melville, resta absent 74 jours; le capitaine Collinson lui-même fit deux voyages qui durèrent 52 et 49 jours. A bord de *l'Investigator*, le système des dépôts n'étant pas pratiqué, les absences ne purent durer aussi longtemps; Hanswell et les autres explorateurs ne purent prolonger leurs voyages au delà de 42 jours.

Les courses incessantes en traîneaux sont le point le plus saillant de l'expédition du *Fox* sous les ordres de Mac Clintock. Nous avons déjà parlé de ce qu'elle accomplit au commencement du printemps. Les reconnaissances se mirent en route le 2 avril, par un froid de — 34°, Mac Clintock resta lui-même absent pendant 90 jours, et tua deux rennes et quelque autre gibier. Hobson resta dehors 72 jours, mais fut fortement éprouvé par le scorbut.

Allen Young se mit en route le 7 avril; mais après

38 jours fut obligé de renvoyer ses hommes, étant à court de vivres. Il continua sa marche en avant avec un seul homme et les chiens, dormant chaque nuit dans un trou creusé dans la neige. Après une absence de 60 jours il revint à bord, se reposa un seul jour, et repartit de nouveau pendant 18 jours pour compléter son exploration, qui en tout, dura 78 jours, pendant lesquels il eut à souffrir du scorbut.

Tel est le résumé des voyages en traîneaux accomplis par les expéditions précédentes dans les régions arctiques. On peut ajouter que l'équipage de *la Resolute*, qui accomplit les plus remarquables, eut le bonheur de se procurer une énorme quantité de bœufs musqués, de rennes et d'autre gibier. En une seule année, on délivra 25,077 livres de viande fraîche tant à bord qu'aux troupes expéditionnaires, soit environ 305 livres par homme.

L'Investigator se procura 10,167 livres de viande, soit 154 livres par homme, ce qui empêcha le scorbut de faire son apparition avant le troisième hiver.

Si l'on veut comparer d'une façon équitable la tâche accomplie par Nares avec celle des explorateurs en traîneaux des régions arctiques précédentes, on doit tenir compte des diverses circonstances qui les ont marquées.

D'abord le nombre des hommes dont il disposait était bien moindre. Le capitaine Austin avait cent quatre-vingts marins pour armer ses traîneaux; *la Resolute*, *l'Assistance*, *l'Intrepid* et *le Pioneer*, en 1853, en avaient le même nombre, tandis que *l'Alert* et *la Discovery* n'avaient ensemble que cent vingt hommes. Il n'était donc pas possible d'organiser autant d'expéditions séparées, pas plus que de les soutenir au même degré par des dépôts de vivres. Il faut aussi se rappeler qu'étant donnée la latitude atteinte, l'hiver fut bien plus long, le froid plus vif et plus prolongé pendant le printemps et la glace infiniment plus épaisse. Tout cela, joint à l'absence complète de gibier, rendait l'expédition de Nares plus difficile.

Il résulte de tout cela qu'en comparant la besogne accomplie, il faut bien tenir compte de ces différences et ne pas juger seulement sur des chiffres; de même qu'il n'est que juste de considérer les jours où il a été possible de travailler et non les distances parcourues, distances qui dépendent entièrement de la nature de la glace.

Après avoir amené ses bâtiments dans une position admirable, le capitaine Nares organisa ses groupes expéditionnaires en vue d'une exploration de toutes les directions, exploration qui devait être aussi complète que le lui permettraient les moyens mis à sa disposition.

Si la côte ferme avait couru droit au nord, il eût probablement concentré toutes ses forces pour une marche en avant dans cette direction; mais comme il était impossible de s'avancer beaucoup sur la mer Palæocrystique, il résolut sagement de faire son exploration aussi complète que possible au nord, à l'est, à l'ouest et au sud.

Dans cet ordre d'idées, il décida le départ de quatre expéditions lointaines, approvisionnées, en y comprenant les dépôts, pour une période de 60 à 80 jours, chaque expédition emmenant avec elle un traîneau auxiliaire.

L'entreprise la plus périlleuse était certainement de faire le nord vrai sur la mer gelée, la glace pouvant se rompre à un moment quelconque. On considéra donc comme nécessaire de faire voyager constamment deux traîneaux ensemble, le tout commandé par le capitaine Markham, avec le lieutenant Parr sous ses ordres. Ces deux traîneaux voyageant de conserve furent renforcés de canots pouvant recevoir à leur bord les hommes et leur équipement.

Deux traîneaux auxiliaires, sous les ordres du docteur Moss et de M. White, devaient les accompagner jusqu'au point où ils quitteraient la terre ferme. Tout cela composait la division du nord.

La division de l'ouest, sous les ordres du lieutenant Pelham Aldrich, soutenue par un traîneau à dépôt, commandé par le lieutenant Giffard, devait explorer la côte aussi loin que possible dans l'ouest.

Le lieutenant Beaumont de *la Discovery*, accompagné du lieutenant Rawson et du docteur Coppinger, avait pour mission de s'avancer, avec la division de l'est sous ses ordres, le long de la côte nord du Groënland.

Le lieutenant Archer de *la Discovery*, accompagné de l'enseigne de vaisseau Conybeare, devait descendre le golfe de Lady Franklin, que l'on croyait à cette époque être un détroit.

Enfin, en plus de tout cela, le lieutenant Fulford devait reconnaître le fiord de Petermann, pendant que l'exploration scientifique serait accomplie par le naturaliste et les officiers revenant de faire les dépôts de vivres.

Il est facile de voir que ce plan de voyage, en tenant compte de la différence d'hommes, était aussi large et aussi complet que celui de n'importe quelle expédition précédente, en même temps que la besogne à accomplir par la division du nord était plus ardue que tout ce qu'on avait tenté jusqu'alors.

Les considérations que nous venons de développer et que nous avons extraites du *Geographical Magazine*, étaient nécessaires pour bien faire saisir le plan d'exploration résolu par le capitaine Nares. Elles devaient précéder le rapport du vaillant officier qui commandait cette poignée de héros, rapport aussi modeste que concis, aussi clair que savant et qui intéressera ceux qui ont suivi les efforts faits par toutes les marines pour pénétrer les mystères du pôle Nord. La France ne saurait oublier que plusieurs de ses officiers ont suivi ces aventureuses expéditions et que l'un d'eux, le lieutenant Bellot, y a trouvé la mort, en laissant en Angleterre un nom que cette nation enthousiaste des choses de la mer a recueilli avec admiration, au même titre que celui de sir John Franklin.

Pour n'avoir pris part que dans de modestes limites aux expéditions arctiques, la nation française, qui aime tout ce qui est brave et se dévoue à la science, ne saurait se désintéresser de questions qui touchent de si près à l'honneur de l'humanité.

Si l'intérêt scientifique et la soif de pénétrer les secrets de la nature soutiennent le marin dans les cruels moments que lui réservent les déserts de glace des régions arctiques, il y a encore un autre mobile non moins généreux qui le fait lutter avec la foi la plus robuste, aussi bien au pôle Nord que sur toutes les mers : c'est l'amour du pavillon qui flotte à la corne de son bâtiment et qui est pour lui la mystique image de la patrie absente.

Ce respect des couleurs nationales est inné chez toute âme patriotique, mais on peut dire que chez l'homme de mer il est porté jusqu'au fanatisme. Aussi chaque division reçut la blanche enseigne d'Albion avec mission de la planter là où jamais pavillon de nation n'avait flotté jusqu'alors. En confiant à ses officiers les couleurs de la patrie, Nares leur remettait l'honneur de la nation, et savait que ce dépôt sacré soutiendrait leur courage ou consolerait leur mort, s'ils devaient succomber.

En outre, pour stimuler encore leur zèle, chaque traîneau prit un guidon particulier.

A 11 heures du matin, le 3 avril 1876, sept traîneaux se rangèrent en ligne sur la glace, avec leur guidon déoloyé.

Ceux de la division Nord étaient :

Le Marco Polo, capitaine Markham, était traîné par douze hommes avec neuf hommes de renfort. On avait chargé dessus le canot à glace de 20 pieds de long. Chaque homme avait 236 livres à remorquer.

Le Victoria, commandé par le lieutenant Parr, portait le canot à glace de 15 pieds de long.

Le Bull-Dog était aux ordres du docteur Moss.

L'Alexandra était commandé par M. White.

Le Bloodhound, commandé par George Bryant, sous-officier de *la Discovery*, devait accompagner les traîneaux qui précèdent, pendant quatre jours, à titre de soutien.

Les traîneaux de la division Ouest étaient :

Le Challenger, commandé par le lieutenant Pelham Aldrich;

Le Poppie, commandé par le lieutenant Giffard.

En tout cinquante-trois officiers et matelots quittèrent

le navire sur un total de soixante-six hommes, y compris six hommes de *la Discovery*.

Après avoir assisté à la prière et salué le capitaine Nares de trois hurrahs chaleureux, ils se mirent en marche à 11 heures 30 minutes.

Nous ne donnons pas les noms des autres traîneaux, on les trouvera cités dans le tableau ci-joint, avec l'abrégé du travail fait par chacun.

LES CINQ PAVILLONS PLANTÉS

Pavillon du capitaine Nares.

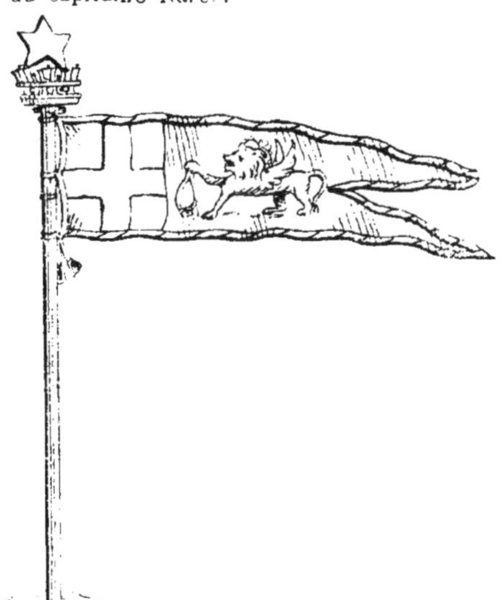

Guidon du capitaine Markham.

PAR 83° 20′ 26″ N., LE 12 MAI 1876.

La blanche Enseigne.

Cornette du capitaine Markham.

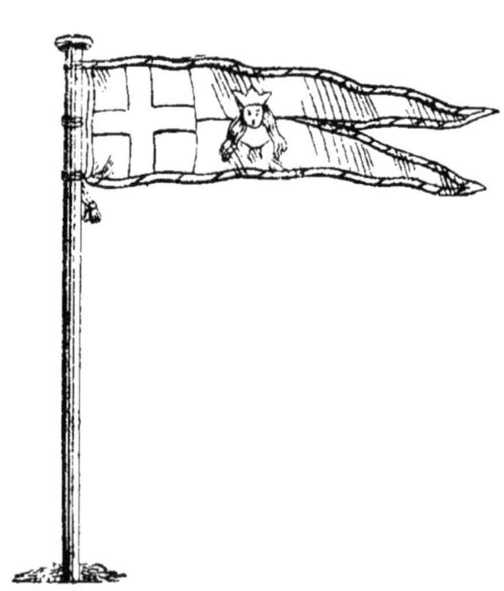

Guidon du lieutenant Parr.

NAVIRE DE S. M. B. « ALERT ».

VOYAGE DE L'AUTOMNE 1875.

Capitaine. A. H. MARKHAM, M. S. G. *

Thomas Rawlings (*s. off. de 1re cl.*).

Jas. Self (*gabier*), amputé.

W. Malley (*gabier*), infirme par congelation.

Thomas Jolliffe (*s. off. de 1re cl.*).

Thomas Simpson (*gabier*).

John Shirley (*chauffeur*).

Thos. Smith (*soldat de marine*), infirme par congelation.

Quitte le navire le 25 septembre.

Revient le 15 octobre, deux jours après la disparition du soleil.

Température de — 9°, 5 à — 30°. Absence totale : 20 jours.

Distance parcourue, pour aller : 82 milles 1/2 } 165 mil. 1/2
— — pour retour : 83 —

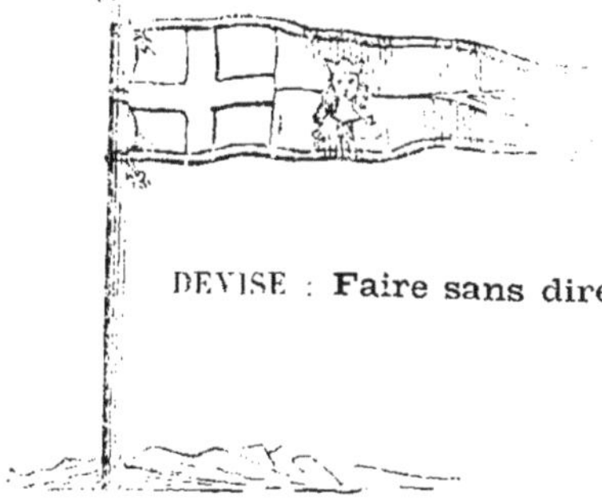

Lieut. A. A. CHASE PARR *.

Edward Lawrence (*s. off. de 1re cl.*).

John Hawkins (*tonnelier*).

William Maskell (*gabier*).

George Winstone (*gabier*).

William Ferbrache (*gabier*).

Alfred B. Pearce (*gabier*).

George Porter (*artillerie de marine*).

Aux ordres du commandant Markham.

Quitte le navire le 25 septembre et revient le 15 octobre.

---

* Le capitaine A. H. MARKHAM, les lieutenants PARR et EGERTON quittèrent d'abord le navire le 11 septembre. Le 14, il y eut un coup de vent furieux qui les força à revenir.

HERCULES

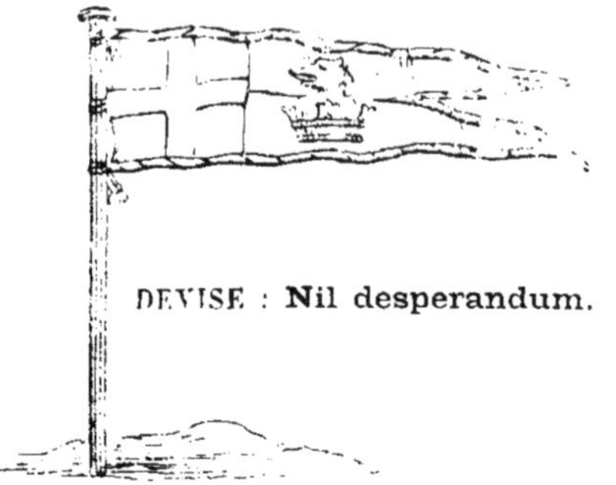

DEVISE : **Nil desperandum.**

Lieut. WM. H. MAY, amputé.

James Doidge (*chef de la hune de misaine*).

Frederick Cane (*armurier*).

John Pearson (*gabier*).

William Woolley (*gabier*).

Robert Symonds (*gabier*).

Geo. Oakley (*artilleur*), amputé.

Reuben Francombe (*gabier*).

Aux ordres du commandant Markham.

Quitte le 23 septembre et revient le 15 octobre.

CHALLENGER ET ALERT

(*Traîneaux à chiens*).

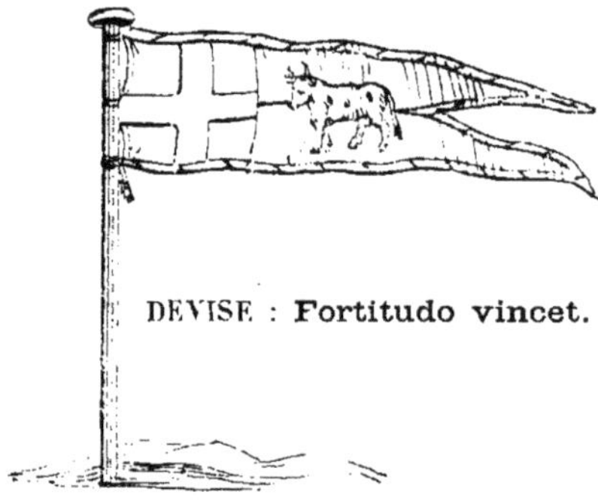

DEVISE : **Fortitudo vincet.**

Lieut. PELHAM ALDRICH *.

Neils Christian Petersen.

Adam Ayles (*s. off. de 2e cl.*).

Frederick — (*Esquimau*).

John Simmons (*gabier*).

Le premier qui ait franchi le parallèle de 82° 43′, point le plus éloigné atteint par Parry.

Quitte le navire le 22 septembre. Revient le 5 octobre.

Nombre de jours dehors, 13.

---

* Le lieutenant PELHAM ALDRICH partit aussi avec les chiens le 8 septembre et revint le 12, avec le capitaine FEILDEN, Dr MOSS et M. WHITE.

BELLEROPHON

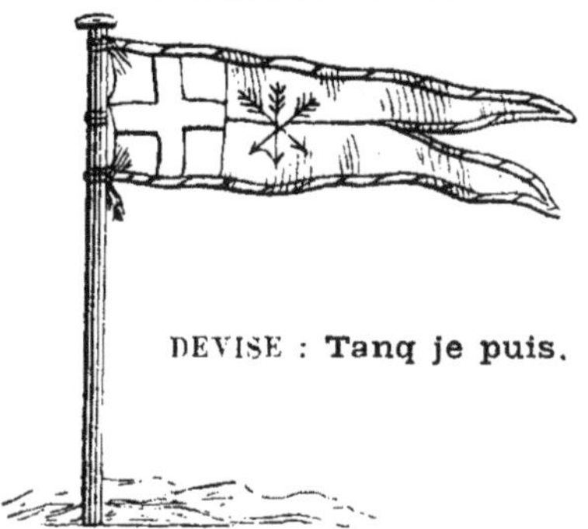

Lieut. G. Le Clerc Egerton

J. Stuckberry (*chef de la grande hune*).

Wm. Gore (*chauffeur*).

David Mitchell (*gabier*).

John Hollins (*artillerie de marine*).

Quitte le navire le 11 septembre.
Revient le 15 septembre.

DISCOVERY

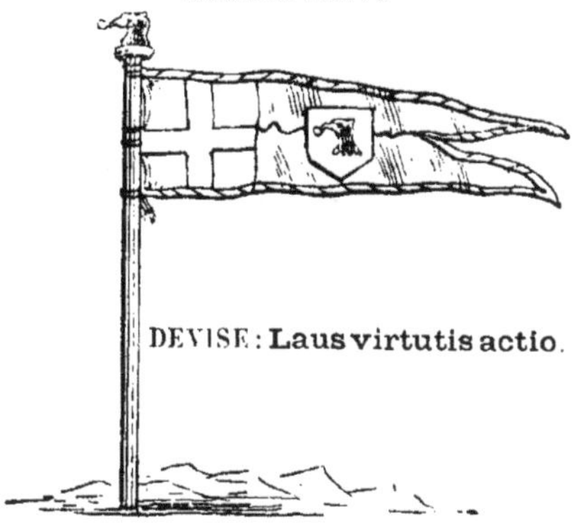

Officier et équipage du traîneau de la Discovery, *ayant hiverné à bord de* l'Alert.

Lieut. Wyatt Rawson, M. S. G.
George Bryant (*chef du beaupré*).
George Stone (*s. off. de 2e cl.*).
Alfred Hindle (*gabier*).
Henry Hand (*gabier*).
Thomas Chalkley (*gabier*).
Michael O'Regan (*gabier*).
Elijah Rayner (*soldat de marine*).

Automne : du 2 au 12 octobre (10 jours), cherche à communiquer avec *la Discovery;*

1° Voyage en compagnie d'Egerton à bord de *la Discovery ;*

2° Va en éclaireur au chenal de Robeson ;

3° Le 20 avril, part pour le Groënland avec le lieutenant Beaumont.

VOYAGE DU PRINTEMPS 1876.

Expéditions lointaines.

MARCO POLO

Division du Nord.

Capitaine A. H. MARKHAM, M. S. G.
Thomas Rawlings (*s. offic. de 1re cl.*).
Thomas Jolliffe (*s. offi. de 1re cl.*).
John R. Radmore (*second maître charpentier*).
Alfred B. Pearce (*gabier*).
Daniel Harley (*s. off. de 1re cl.*).
William Ferbrache (*gabier*).
Thomas Simpson (*gabier*).
John Shirley (*chauffeur*).

Les deux pavillons qui ont flotté le plus au Nord.

Quitte le 3 avril 1876.
Retourne le 14 juin 1876. } Par 83° 20′ 26″ N. le 12 mai.

Nombre de jours dehors, 72.

Distance d'aller : 319 milles
Distance de retour : 281 milles } Total : 600 milles.

CHALLENGER

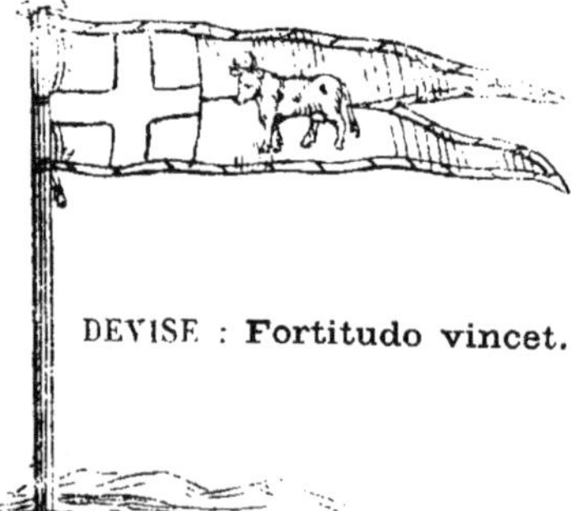

DEVISE : **Fortitudo vincet.**

Division de l'Ouest.

Lieut. PELHAM ALDRICH.
Joseph Good (*s. off. de 1re classe*).
William Wood, R. M. (*sergent*).
James Doidge (*chef de la hune de misaine*).
Adam Ayles (*second chef du beaupré*).
David Mitchell (*gabier*).
Edward Stubbs (*chauffeur*)
Henry Mann (*ouvrier charpentier*).

Quitte le 3 avril 1876.
Revient le 26 juin.
Nombre de jours dehors, 84.

Distance d'aller : 330 milles
Distance de retour : 300 milles } Total : 630 milles.

VICTORIA — **Division du Nord.**

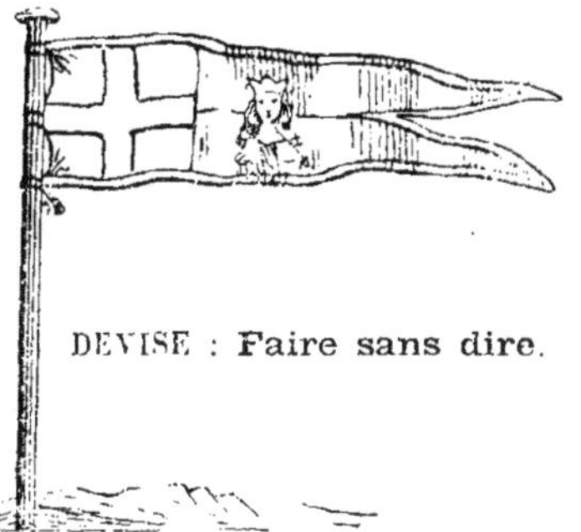

Lieut. A. A. CHASE PARR.
Edward Lawrence.
William Maskell (*gabier*).
John Pearson (*gabier*).
John Hawkins (*tonnelier*).
Reuben Francombe (*gabier*).
George Winstone (*gabier*).
Geo. Porter (*artilleur*), mort le 8 juin.

Quitte le 3 avril 1876.
Revient le 14 juin 1876.
Nombre de jours dehors, 72.
Distance d'aller : 319 milles } Total : 600 milles.
Distance de retour : 281 milles }
Revenu des traîneaux à pied en 22 heures le 8 juin (35 milles).

Divisions auxiliaires.

POPPIE — **Division de l'Ouest.**

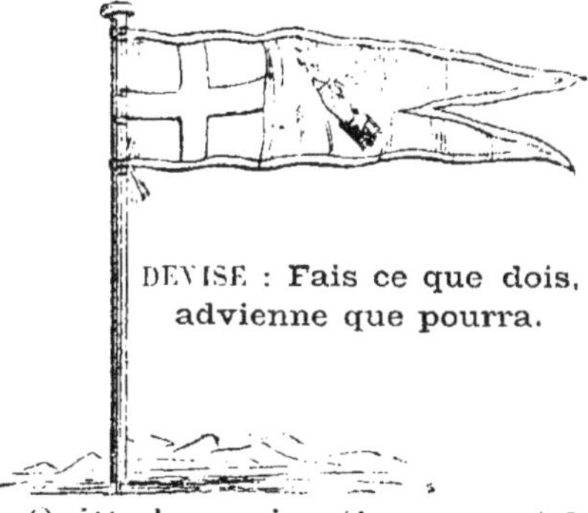

Lieut. GEORGE A. GIFFARD.
Thomas Stuckberry (*chef de la grande hune*).
George Cranston (*gabier*).
William Lorimer (*gabier*).
Robert Symonds (*gabier*).
William Woolley (*gabier*).
William Gore (*chauffeur*).
William Ellard (*soldat de marine*).

Quitte le navire (1er voyage) le 3 avril. Revient le 3 mai. Nombre de jours dehors, 30.
Quitte le navire (2e voyage) le 6 mai. Revient le 24 mai. Nombre de jours dehors, 18.
Traîneau de secours au lieutenant Aldrich et à la division de l'Ouest.
Dix jours de marche au delà du cap Joseph-Henry.
Second voyage pour établir un dépôt pour la division de l'Ouest.

BULLDOG

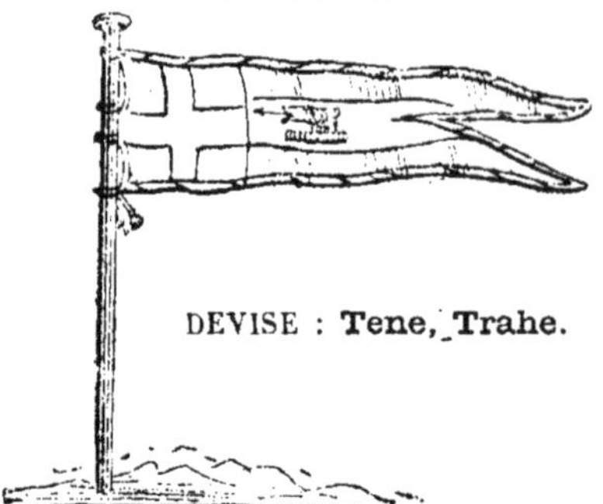

DEVISE : **Tene, Trahe.**

Division du Nord.

Dr. EDWARD L. MOSS (*médecin*).
John Thores (*quartier-maître glacier*).
Thomas Chalkley (*gabier de* la Discovery).
Alfred Hindle (*gabier de* la Discovery).
William Malley (*gabier*).
James Berrie } Renvoyés
Elias Hill (*soldat*) } Renvoyés
Elijah Rayner (*soldat*).

Quitte (1er voyage) le 3 avril. Revient le 14 avril.
Quitte (2e voyage) le 22 avril. Revient le 29 avril.
Traîneau de secours à la division du Nord.
Voyage au cap Henry.
Va une seconde fois au cap Joseph-Henry pour y faire un dépôt.

ALEXANDRA

Mr. GEORGE WHITE (*mécanicien*).
David Deuchars (*quartier-maître glacier*).
James Self (*gabier*).
Thomas Smith (*soldat de marine*).
Frederick Cane (*armurier*).
Robert Joiner (*chef chauffeur*).
W. F. Hunt (*cuisinier des officiers*).
George Norris (*ouvrier charpentier*).

Traîneau auxiliaire de la division du Nord.
Voyage au cap Joseph-Henry.
Quitte le navire le 3 avril.
Revient le 14 avril.
Rend quelques autres services.

SULTAN

Mr. JAMES WOOTTON (*mécanicien*).
Robert Joiner (*chef chauffeur*).
W. J. Gore (*chauffeur*).
John E. Smith (*soldat*).
Thomas Oakley (*soldat*).
John Hodges (*gabier de* la Discovery).

Quitte le 11 mai.
Retourne le 20 mai.
Nombre de jours dehors. 9.

Traîneau de charge. — A porté les provisions d'une semaine pour la division du Nord et quelques autres services.

Ravitaillement de la division du Nord, du 8 au 14 juin.—Traîneau. —Aux ordres du capitaine Nares et armé par le lieutenant Egerton, l'enseigne Conybeare. M. Wootton, M. White et huit hommes.

Traîneau à chiens. — Lieutenant May, Dr Moss et James Self.

Traîneaux à chiens.

CLEMENTS MARKHAM
(*Traîneau à chiens*).

NELLIE ET ALERT

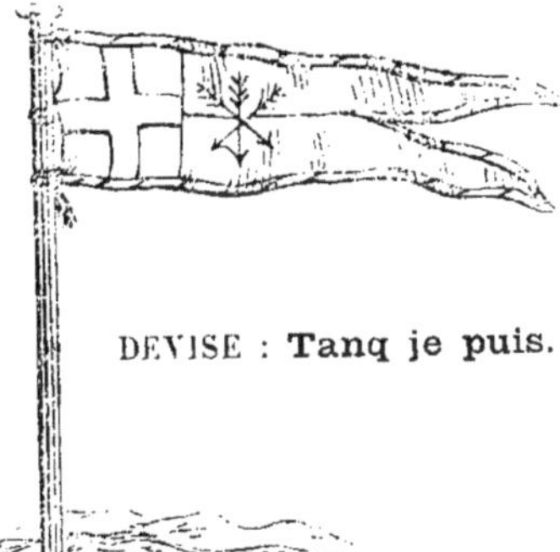

DEVISE : **Tanq je puis.**

Lieut. GEO. LE CLERC EGERTON.
Neils Christian Petersen (mort le 14 mai).
John Simmons.
Michael O'Regan (*Discovery*).

1° Quitte le navire le 12 mars.
Revient le 16 mars. Temp. — 50°.
Quitte de nouveau le navire le 20 mars.
Rejoint *la Discovery* le 26 mars.
76 milles parcourus.

Temp. — 42°. Quitte *la Discovery*.
Rejoint *l'Alert* le 4 avril.
2° Se rend au Groënland le 10 avril. Retour le 18 avril.
3° Retourne au Groenland du 4 au 9 mai.
4° Exploration dans l'ouest avec Feilden et Mitchell. Quitte le navire le 11 mai. Revient le 24 mai.
5° Sonde le chenal de Robeson en compagnie de Moss du 27 au 29 mai.
6° Voyage au cap Union avec le traineau *Nellie* du 30 mai au 3 juin.
7° Ravitaillement de la division du Nord, du 9 au 12 juin.
8° Ramène les canots, du 15 juillet au 22. (En tout 64 jours de traineau.)

CLEMENTS MARKHAM
(*Traineau à chiens*).

DEVISE : **Nil desperandum.**

Lieut. WILLIAM H. MAY.
James Self (*gabier*).
William Malley (*gabier*).
Frederick. (*Esquimau*).

1° Se rend à Lincoln Bay avec Feilden et Wootton, pour explorer une route par terre pour rejoindre *la Discovery*, du 25 avril au 1er mai.

2° Se rend au Groënland le 4 mai et revient le 9, avec Egerton.

3° Du 27 mai au 5 juin, aux ordres du capitaine Nares et du capitaine Feilden, pour explorer et lever des plans hydrographiques.

4° Ravitaille les traineaux de la division du Nord au cap Joseph-Henry, prend le Dr Moss, du 9 au 14 juin.

5° Ravitaille le traîneau de la division de l'Ouest, au cap Joseph-Henry, du 17 au 26 juin (55 jours de traîneau).

NAVIRE DE S. M. B. « DISCOVERY ».

VOYAGE DU PRINTEMPS DE 1876.

SIR EDWARD PARRY

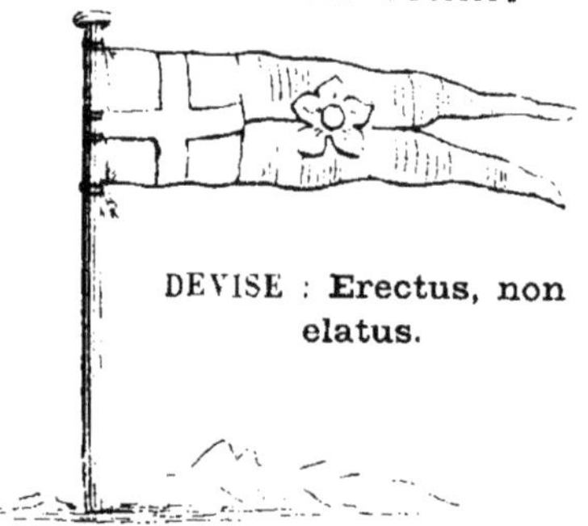

DEVISE : **Erectus, non elatus.**

Division de l'Est.

Lieut. LEWIS A. BEAUMONT.
Alexander Gray (*quartier-maître glacier*).
Wm. Jenkins (*second maître charpentier*).
Peter Craig (*gabier*).
James Hand (*gabier*), mort en juin.
Charles W. Paul (*gabier*), mort le 28 juin.
Wilson Dobing (*artilleur*).
Frank Jones (*chauffeur*).

Quitte *la Discovery* le 8 avril. Rejoint *l'Alert* le 15. 76 milles.
Quitte *l'Alert* le 22 avril pour la côte nord de Groënland
Atteint le dépôt à la baie Polaris le 2 juillet.

Nombre de jours de voyage, 72, en sus du voyage de *la Discovery*.

Retourne à *la Discovery* le 14 août. Absent du navire, 131 jours.

STEPHENSON

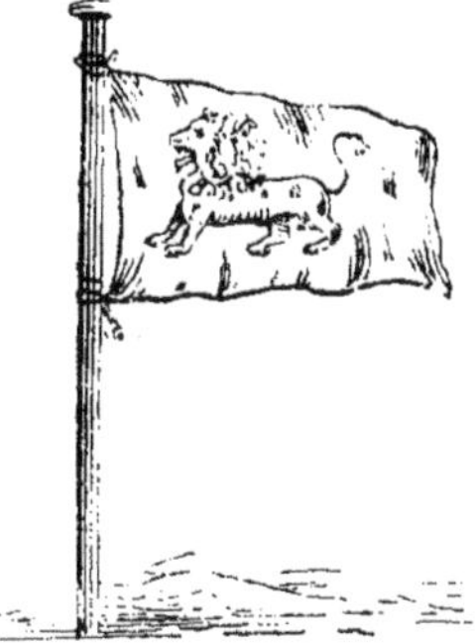

Division de l'Est.

Dr RICHARD W. COPPINGER.
Jeremiah Rourke (*chef chauffeur*).
David Taws (*quartier-maître glacier*).
James Cooper (*second chef de la grande hune*).
George Leggatt (*cuisinier de l'équipage*).
Jno. Hodges (*gabier*).
Ben. Wyatt (*gabier*).
Thos. Darke (*gabier*).

Quitte *la Discovery* et se rend à la baie Polaris, avec le lieutenant Archer, le 3 avril.

Quitte *la Discovery*, avec le lieutenant Beaumont, et quitte *l'Alert* le 22 avril.

Se sépare de Beaumont le 5 mai.

Explore le fiord de Petermann, du 18 mai au 7 juin.

Ravitaille Beaumont et reste à la baie Polaris avec les malades. Absent du navire pendant 124 jours.

ENDEAVOUR

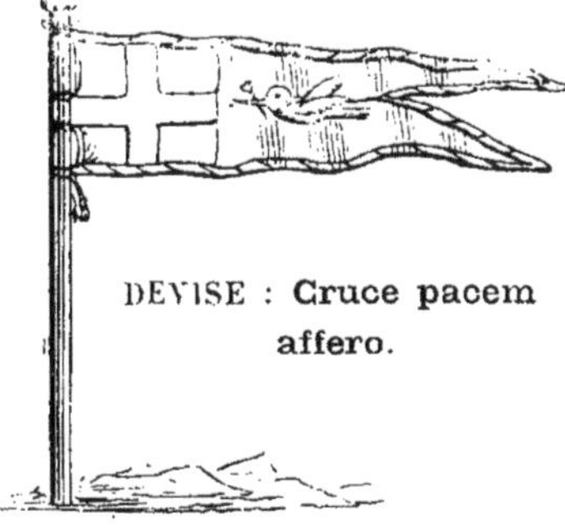

DEVISE : **Cruce pacem affero.**

Enseigne. CRAWFORD CONYBEARE.

D. Gerard.

R. W. Hitchcock.

J. Thornback.

T. Chalkley.

En mai voyage à la baie Polaris.

Quitte *la Discovery* avec le lieutenant Archer, le 8 avril. Retour le 22 avril.

Quitte *la Discovery* le 22 mai. Arrive à bord de *l'Alert* le 1er juin.

Ravitaille la division du Nord le 8 juin.

DISCOVERY & ARROWE

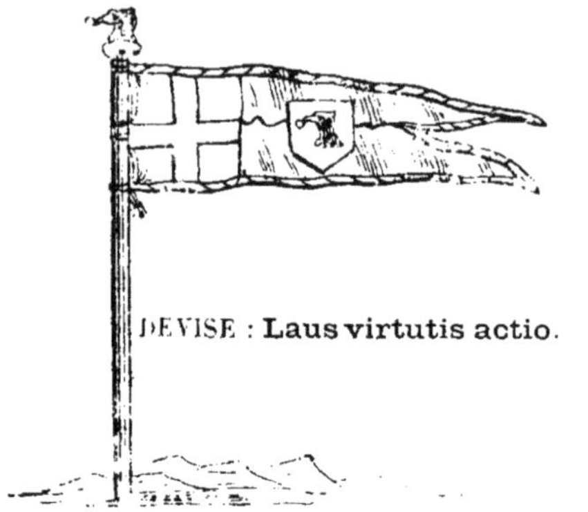

DEVISE : **Laus virtutis actio.**

Division de l'Est.

Lieutenant WYATT RAWSON, F.R.G.S.

George Bryant (*chef du beaupré*).

Michael O'Regan (*gabier*).

Elijah Rayner (*soldat*), échappé au scorbut.

Traîneau de cinq hommes. — Se rend au Groënland du 10 au 18 avril, avec le traîneau de charge *Arrowe*. Quitte *l'Alert* avec le lieutenant Beaumont le 22 avril.

Laisse le lieutenant Beaumont avec trois hommes, conduit le traîneau avec Henry Hand dessus, le 11 mai, et arrive à la baie Polaris le 3 juin. Nombre de jours dehors, 42.

Part de Polaris Bay avec un traîneau à chiens, pour relever Beaumont, le 22 juin. Absent 72 jours du navire.

WESTWARD HO !

Baie de Lady Franklin.

Lieut. ROBERT H. ARCHER.
Thos. Simmonds (*chef du beaupré*).
Dad. Girard (*gabier*).
Jno. S. Saggers (*gabier*).
Wm. Sweet (*chauffeur*).
Saml. Bulley (*chauffeur*).
Wm. Waller (*soldat de marine*).
Jno. Murray (*soldat de marine*).

3 avril, se rend à Polaris Bay avec retour.
Revient le 2 mai.
Hydrographie de l'estuaire de Lady Franklin.

FAITH

(Traîneau à chiens).

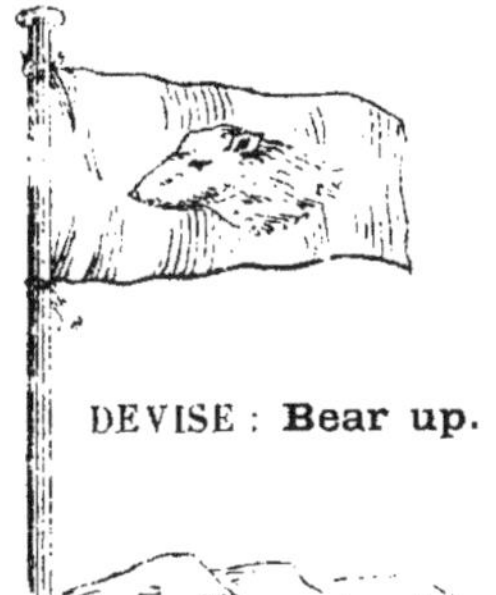

DEVISE : **Bear up.**

Fiord de Petermann.

Lieut. Reginald B. Fulford.

*D*r Richard W. Coppinger.

Hans — *(Esquimau).*

12 mai, se rend à la baie Polaris.

18 mai au 7 juin, explore le fiord de Petermann.

12 juillet, revient à bord de *la Discovery*.

RELATION

DU CAPITAINE NARES

EXPÉDITION ARCTIQUE.

AU LORD SECRÉTAIRE DE L'AMIRAUTÉ, A LONDRES.

A bord du navire de S. M. B. *Alert*.
Valentia, le 27 octobre 1876.

MONSIEUR, — J'ai l'honneur de vous adresser le rapport détaillé des mouvements et actes de l'expédition, depuis notre départ d'Upernawick, le 22 juillet 1875, ainsi qu'il suit :

Départ d'Upernawick.

L'Alert ayant *la Discovery* à la remorque a quitté Upernawick le 22 juillet 1875. J'ai eu l'honneur de vous adresser un premier rapport de mer daté de ce port.

Une brume épaisse régnant à la mer, je me suis décidé à chenaler à la vapeur faisant route au nord entre les îles et la grande terre. Le temps se maintint assez clair et calme jusqu'aux approches de l'île de Kantigok. Arrivés là, la brume de mer prit complètement le dessus et nous enveloppa entièrement.

Les nombreuses et pittoresques îles rocheuses, aussi bien que les dangers de ce passage sinueux et abrité, sont si mal placés sur les cartes publiées jusqu'à ce jour, qu'un pilote est tout à fait nécessaire pour le franchir.

Celui qui nous accompagnait, un Esquimau, me fit connaître que la plupart des entrées ayant l'apparence de chenaux lorsqu'on les voit du large, sont barrées par des roches sous l'eau ; et, si j'en juge par la grande quantité de roches juste à fleur d'eau que nous avons trouvées sur notre passage, j'ai tout lieu de croire qu'il ne se trompe pas.

Le grand glacier de décharge d'Upernawick n'ayant qu'une ouverture conduisant directement à la mer, ses nombreux icebergs de toute taille sont ramassés par les courants de jusant et par les courants généraux au milieu des îles situées au sud, et tendent à boucher complétement les chenaux jusqu'à une époque très-avancée dans la saison; mais, une fois ouverts, en juillet, par suite de quelques glaces qui vont s'échouer sur les roches et d'autres qui, restant flottantes, indiquent avec certitude des eaux profondes par la vue de leur élévation au-dessus de la ligne de flottaison, la navigation est plutôt facilitée par un temps calme que contrariée par ces mêmes glaces.

Le matin du 23, après une nuit pleine d'anxiété, passée au milieu d'une brume épaisse, et drossés (1) par un violent courant de marée dans un chenal étroit, où nous ne pûmes trouver le fond à une encâblure (2) de terre, quoique nous eussions filé cent brasses de ligne ayant toujours *la Discovery* en remorque, nous aperçûmes, dans une éclaircie momentanée, deux Esquimaux

(1) *Drosse* se dit d'un navire entraîné malgré lui dans une direction dont il n'est plus le maître.

(2) L'encâblure est de 185 mètres.

dans leurs kyacks, tout près du bord. Après nous être consultés avec eux par l'intermédiaire de Petersen, l'interprète danois-esquimau, ils consentirent à nous conduire à un mouillage. En gouvernant d'après leurs indications et n'ayant pas de fond avec la ligne à main (1) des grands porte-haubans (2), je sentis tout à coup l'avant du navire glisser doucement sur le fond. Nous pûmes alors, à travers la brume, nous apercevoir que nous n'étions qu'à 50 mètres de terre. Les Esquimaux n'avaient évidemment pas tenu compte que nos navires exigeaient, pour flotter, beaucoup plus d'eau que leurs frêles pirogues. Comme nous étions presque à basse mer et que la marée perdait encore, je laissai le navire tranquillement échoué, *la Discovery* nous tenant toujours par son haussière (3) de remorque, et je profitai de ce retard forcé pour mettre les hommes à terre à laver leur linge.

A mesure que le jour s'avançait, la brume se dissipait un peu, et à la marée montante le navire se trouva à flot sans avoir supporté aucun effort ni aucune avarie. J'appareillai (4) donc et débarquai le pilote, que je ne pouvais blâmer pour notre mésaventure, au large de la côte nord de Kantigok, la plus au large des îles du groupe et après laquelle le canal ne présente plus de difficultés.

---

(1) On appelle *ligne à main* une ligne de sonde légère qu'un seul homme suffit à manier, par opposition à la grande sonde qui porte un poids beaucoup plus fort et qui exige beaucoup de monde.

(2) *Porte-haubans :* on appelle ainsi des plates-formes attachées aux flancs du navire et normalement à la coque. Elles sont placées par le travers des mâts et destinées à augmenter l'angle des haubans avec ces mêmes mâts, ce qui donne plus de solidité à la mâture.

(3) *Haussière*, grosse corde servant à amarrer le navire.

(4) *Appareiller*, se mettre en route à la voile ou à la vapeur.

Pensant que probablement un récit erroné de notre échouage pourrait arriver en Europe, au dernier moment, j'écrivis à la hâte quelques mots au crayon au capitaine Evans, hydrographe, simplement pour établir de quelle minime importance avait été notre léger retard.

Passage à travers les glaces du milieu de la baie de Baffin.

A 4 heures d'après midi nous avions passé les îles Brown, avec une mer parfaitement libre de glace devant nous ou dans nos environs.

Après mûres réflexions, le baromètre étant haut et ferme après une brise de S. E., ce qui indiquait que le temps calme et bien établi que nous avions depuis quelque temps devait, selon toute probabilité, durer encore, je me décidai à me forcer un passage à travers les glaces de la baie de Baffin, au lieu de suivre la route ordinaire en contournant la baie de Melville. En conséquence, les deux navires firent route à toute vapeur dans l'ouest, luttant de vitesse de conserve pour atteindre le cap York, n'ayant pour contrarier leur route qu'une douzaine de glaces environ, flottant sur une mer calme comme un miroir.

A mesure que nous quittions la terre, la brume se dissipait et nous pûmes alors jouir d'un panorama unique et splendide. Nous apercevions les pics neigeux du Groënland, qui donnent naissance au glacier d'Upernawick encombré d'innombrables icebergs, et, bien loin en avant de lui, le groupe des noirs îlots épars, au milieu desquels nous avions passé la nuit précédente et dont l'île de Kantigok est la plus au nord.

Banquise du milieu.

Le matin du 24, à 1^h 30^m, nous entrâmes dans la banquise à 70 milles de Kantigok. Elle se composait de glaces disjointes et permettant de faire route. Son épaisseur variait de 0^m,30 à 0^m,90 et quelquefois 1^m,20. Les glaçons n'avaient d'abord pas plus de 250 mètres de diamètre et étaient très-friables, se divisant rapidement et laissant passage au navire qui les frappait accidentellement. La blancheur du ciel près de l'horizon indiquait que, quoique la glace fût très-ouverte dans le sud de notre route, elle était probablement plus serrée au nord. Environ à 6 heures du matin, après avoir fait 30 milles au milieu de la glace, la banquise commença à se resserrer peu à peu ; les glaçons étaient plus grands et atteignaient un mille de diamètre, exigeant un choix judicieux des chenaux qu'ils laissaient entre eux. Pendant 14 heures qui nous permirent de faire 60 milles, la glace continua à rester à peu près dans le même état, n'étant jamais assez serrée pour nous faire croire à l'existence d'une barrière infranchissable. Nous gardions cependant nos vigies des barres de cacatois (1) strictement en éveil.

A 8 heures du soir, les chenaux devinrent décidément plus larges et plus nombreux : j'en profitai pour mettre la route au nord et gouverner directement sur le cap York, la glace devenant de plus en plus ouverte à mesure que nous avancions.

A 9^h 30^m du matin, le 25 juillet, nous aperçûmes la

---

(1) Les *cacatois* sont les vergues les plus élevées du navire. Les baleiniers ont l'habitude de disposer en cet endroit de petites barres, qui servent à l'homme de vigie chargé de chercher les baleines au loin du bâtiment.

haute terre au nord du cap York, et à 11 heures, au grand étonnement des quartiers-maîtres glaciers (1), qui déclaraient continuellement : « On ne le croira jamais à Peterhead », nous arrivâmes sans encombre dans les *eaux du Nord* et pûmes songer à économiser un peu notre charbon, ayant traversé les glaces du milieu en 34 heures sans un abordage; mais j'ajoute par devoir, non sans quelques fortes égratignures, le long de la ligne de flottaison.

Passage au milieu de la baie de Baffin.

De ce que nous avons réussi à traverser au milieu des glaces, on ne doit pas en conclure trop vite qu'une semblable route puisse toujours être suivie. La banquise du milieu est justement redoutée des navigateurs qui ont le plus d'expérience des glaces.

Des icebergs d'une masse considérable et de la glace de surface, flottant dans l'eau à des profondeurs différentes, maniés soit par le vent soit par les courants océaniques, se meuvent avec des vitesses inégales ; il s'ensuit qu'étant en mouvement, les uns dépassent l'autre et que la glace de surface, incapable de maîtriser sa course, est bientôt mise en pièces par les lourdes masses des icebergs ; un navire qui se trouve alors englobé dans la banquise au milieu des icebergs, à moins qu'il n'ait un espace libre assez grand pour lui permettre de s'écarter de sa route, est en danger constant d'être entraîné malgré lui contre une de ces masses flottantes. En semblable occurrence, l'homme est impuissant : car

(1) Nous ne pouvons traduire autrement les mots : *Ice quarter-masters*, noms sous lesquels on désigne les hommes pratiques de la navigation dans les mers glaciales, et spécialement chargés de scier la glace ou de la faire sauter pour laisser passer le navire.

il ne peut prendre aucune mesure plausible pour sauver son navire.

Avant que les navires à vapeur n'aient été mis en usage pour la navigation dans les glaces, les capitaines des navires à voiles, incapables de profiter avec avantage d'un calme favorable, se dispensaient sagement de chercher à se frayer un passage à travers la glace occupant le milieu de la baie et préféraient perdre quelque temps en optant pour la route plus sûre à travers la baie de Melville, où leur navire amarré comme dans un bassin, à la glace tenant à la terre, courait moins de danger d'être écrasé que s'il eût été forcément retenu dans les petits chenaux de la banquise demeurant compacte.

A la fin de juillet, quand la saison d'été est bien établie, ce qui est indiqué par ce fait qu'on ne rencontre pas la grande banquise en dedans de 50 milles de terre, par une latitude d'environ 73° 20′ et par un calme continu qui permet au courant nord des rives du Groënland et au courant sud de la côte ouest de la baie de Baffin d'ouvrir une passe à travers les glaces, je pense qu'un navire à vapeur peut toujours tenter le passage dont il est question. Mais si l'on ne se trouve pas dans ce concours favorable de circonstances particulières, autant que notre connaissance un peu superficielle de ces parages nous permet de l'avancer, ce passage reste tout à fait douteux.

Aussitôt que nous eûmes pris connaissance de la terre et que nous eûmes été parés des glaces en dérive, *la Discovery* se sépara de nous pour communiquer avec les naturels du cap York, pendant que *l'Alert* faisait route pour les îles Carey.

Icebergs au large du cap York.

Un grand nombre d'icebergs, dont beaucoup étaient échoués, étaient rassemblés en une masse épaisse au large du cap et dans des directions parallèles à la côte qui s'étend vers Conical Rock et le cap Atholl.

Au large, ces icebergs étaient moins nombreux; ce que j'attribue au courant sud que nous ressentîmes le jour suivant, pendant notre traversée aux îles Carey. Ce courant entraîne avec lui vers le sud ceux qui dérivent à l'ouest de la masse principale, sous l'influence du courant nord de la côte du Groënland.

Naturels du cap York.

Pendant le séjour de *la Discovery* au cap York, les naturels entrèrent en relations par l'intermédiaire de l'interprète Christian Petersen et de l'Esquimau Hans; mais comme le frère de ce dernier était parti à la chasse pour un temps indéterminé, le capitaine Stephenson abandonna sagement l'idée d'utiliser ses services au profit de l'expédition et fit route pour les îles Carey où il rejoignit *l'Alert*. Les deux navires y arrivèrent ensemble à minuit, le 26 juillet.

Iles Carey, Dépôt et Avis.

Un dépôt de 3,600 rations, et un canot furent débarqués à la pointe S. E. de l'île du S. E., et une notice fut placée dans un cairn très-apparent au sommet de l'île. L'expédition fit alors route à la vapeur, en économisant son combustible autant que possible, se dirigeant au nord par une mer calme et un temps clair. A l'exception de nombreux icebergs flottants çà et là, on n'apercevait pas de glace des hauteurs des îles Carey.

En passant entre les îles Hakluyt et Northumberland, les deux bâtiments se trouvèrent par le travers du cap Robeson, le 27 juillet à 8 heures du soir. De cet endroit, la glace paraissant tenir au rivage, bouchait complétement le golfe d'Inglefield à l'est du cap Acland; mais les deux entrées du golfe étaient libres.

Quartiers d'hiver du « Polaris », 1872-73.

Pendant que le capitaine Stephenson explorait l'entrée du fiord de Foulke, pour s'assurer s'il pouvait servir de station d'hivernage à tout navire qui viendrait nous ravitailler, le capitaine de frégate Markham et moi nous rendîmes en canot à l'île de Littleton et à l'anse du Lifeboat, théâtre du naufrage du *Polaris*. La cachette mentionnée par le docteur Emile Bessels et M. Bryant, appartenant tous deux à l'expédition des Etats-Unis au pôle Nord, cachette désignée comme ayant servi à déposer certains instruments, boites et livres, fut rapidement découverte, mais ne contenait rien. Quelques objets d'habillements et de nombreuses petites cachettes, recélant de la viande de veau marin ou de morse, étaient semées çà et là sur le sol de la petite péninsule, dans le voisinage des derniers quartiers d'hiver; en plus, près des ruines de la maison, nous trouvâmes cinq ou six boites, chacune d'elles couverte avec de grosses pierres pour empêcher le vent de l'emporter et son couvercle attaché par des cordes. En sus d'un thermomètre, qui n'était malheureusement pas enregistreur, ces boites contenaient des débris de vêtements de peau, de vieilles moufles, des outils de charpentier, des limes, des aiguilles, et quelques petits articles d'une grande utilité pour les Esquimaux, mais qui n'avaient pas l'air d'avoir été touchés depuis que la station avait été abandonnée.

Quelques livres restaient dans ces boites, ainsi que la copie du journal de bord ou le journal de bord lui-même, depuis le départ du *Polaris* des États-Unis jusqu'au 20 mai de l'année suivante.

Nous ne trouvâmes ni pendule, ni instrument de passage, ni chronomètre. Trois pirogues en peau laissées sur le rivage et chargées de pierres étaient encore en bon état. La plus petite fut prise pour être conduite au cap Sabine.

Cairn de l'île Littleton.

En retournant à bord de l'*Alert*, nous débarquâmes à l'île Littleton, et sur le monticule S. O. nous construisîmes un petit cairn dans lequel nous déposâmes un récit abrégé des mouvements et des prévisions de l'expédition jusqu'alors. De la station élevée de Littleton, on n'apercevait pas de glace en vue; mais les chasseurs, en parcourant quelques points de la grande terre, d'une altitude supérieure, rapportèrent à leur retour qu'ils avaient distingué au nord la blanche lueur des glaces.

Port Foulke au point de vue d'une station d'hiver.

Port Foulke est jusqu'à présent le meilleur point connu comme station d'hivernage dans les régions arctiques. Un courant chaud venant de l'Océan, combiné avec des vents du nord dominants, agit à l'étroite entrée du canal de Smith, maintient la glace à l'état de rupture pendant l'hiver et amène ainsi un printemps prématuré qui favorise singulièrement la pêche du veau marin et du morse. L'humidité et la chaleur cédées à l'atmosphère par une mer que la glace ne recouvre pas, tempèrent la rigueur des saisons au point de développer sur la terre une végétation plus riche, qui attire dans son voisinage et nourrit tout être animé des régions arctiques, bien plus abondamment que d'autres localités moins favorisées.

En outre de ce grand avantage de pouvoir se procurer une ample provision de viande fraîche, ces eaux, qui rejoignent celles de la mer Arctique au large du cap York, offrent ainsi une entrée facile chaque été, sans autres risques que ceux courus habituellement par tout voyageur dans les régions polaires.

Cap Isabella.

Le matin du 29, les deux navires traversèrent le détroit à la voile pour atteindre le cap Isabella ; mais le temps, qui avait été beau jusque-là, se gâtaà mesure que nous approchions de la côte ou est, et une tempête de neige venant de l'intérieur par-dessus les terres fondit sur nous au moment où nous atteignions le cap. Comme le temps était devenu si bouché que personne à bord des navires, excepté ceux employés à établir le cairn et un petit dépôt de provisions, ne pouvait voir la position de ce cap et que je n'avais aucune raison pour retenir *la Discovery*, le capitaine Stephenson fit route.

Le cairn fut bâti sur le sommet de l'éperon le plus au large et le plus à l'est du cap, à une hauteur d'environ 215 mètres au-dessus du niveau de la mer.

Le canot qui avait conduit la corvée à terre étant de retour à bord à 5 heures d'après-midi, je fis route à la vapeur au nord pour atteindre le cap Sabine, le vent étant tombé à plat, mais le temps restant brumeux et neigeux.

Première glace en vue au large du cap Sabine.

A 8 heures du soir, étant à 15 milles au nord du cap Isabella, nous aperçûmes de la glace entre le rivage et nous, ce qui nous obligea à nous tenir à une bonne distance de terre.

Dans la matinée du 30 juillet et de très-bonne heure, nous avions à l'estime parcouru la distance qui nous séparait du cap Sabine. Je donnai l'ordre de stopper la machine, et à 5 heures du matin, la brume se dissipant, j'aperçus *la Discovery* près de terre en apparence enclavée dans une banquise serrée, de 5 à 6 milles de large ; pas de glace en vue du côté de la mer. Comme je désirais que les deux navires restassent ensemble et que le calme me favorisait, je laissai porter au milieu de la banquise qui, quoiqu'en apparence complétement fermée, s'ouvrit suffisamment pour permettre au navire de s'avancer lentement et de gagner la terre en compagnie de *la Discovery*. Les deux navires furent amarrés dans une rade convenable, à 2 milles au sud du cap Sabine, portant le nom du lieutenant Payer, l'heureux et énergique voyageur.

Un dépôt de 240 rations fut établi sur l'îlot le plus au sud, dans une position commode pour les voyageurs ; un cairn construit sur le sommet du plus haut et du plus au large, et l'historique de nos mouvements déposé dans le cairn.

Banquise au large du cap Sabine.

La banquise au large consistait en glaçons flottants de 1m,50 à 1m,80 d'épaisseur, mêlés çà et là de glaçons beaucoup plus vieux et beaucoup plus gros, de 3m,5 à 3m,60 d'épaisseur ; mais tout cela était trèsdélabré et percé de trous. Cependant on ne pouvait traiter cette banquise avec la même chance d'impunité que la glace du milieu de la baie de Baffin.

Illusion produite par la vue de la mer libre.

Je puis ici attirer l'attention sur les illusions que des gens sans expérience conçoivent naturellement, lorsque d'une station élevée, ils contemplent une mer que la glace ne borde pas. La distance de l'île Littleton au cap Sabine n'est que de 25 milles. Par une soirée claire, à une altitude de 215 mètres, l'horizon et la terre parfaitement visibles, on n'apercevait aucune glace étant au premier des deux endroits dont nous venons de parler. Il semblait donc facile d'atteindre sans tracas une latitude plus élevée. Nous étions en apparence exactement dans la même situation que 100 milles plus au sud, alors que du sommet d'une des îles Carey j'avais pu contempler une mer sans bornes, et cependant vingt-quatre heures après les navires étaient bloqués par la glace dans une baie près du cap Sabine.

Ainsi : de l'île Littleton un observateur inexpérimenté aurait conclu qu'il existait une mer polaire libre, tandis que de notre position présente il aurait conclu, avec la même certitude, que sa marche en avant était pour toujours arrêtée et que ce qui lui restait de mieux à faire était de choisir ses quartiers d'hiver.

Pendant trois jours les bâtiments furent retenus dans le havre de Payer, veillant sans cesse pour trouver un passage dans la glace, appareillant dès que la moindre chance d'avancer semblait se présenter, mais à chaque fois obligés de retourner au mouillage sans avoir pu doubler le cap Sabine.

Nous pûmes constater que cet abri était excellent, bien protégé contre l'entrée des gros glaçons flottants, possédant un poste d'observation élevé, des chenaux navigables au nord et au sud pour prendre immédiatement la mer, si la glace s'ouvrait sous l'influence des vents d'ouest.

Quoique cet abri soit avantageusement placé près d'un cap proéminent qui accroît la vitesse des courants de marée, on y éprouve cependant des grains violents ; mais pendant l'été, dans les mers glaciales, alors qu'on attend une ouverture pour passer, ces grains sont plutôt un avantage par leur lutte avec les courants, lutte qui est le principal agent favorable à l'éloignement des obstacles qui empêchent le navire d'avancer.

Progrès en avant dans le détroit de Hayes. — Havre de la Princesse Alexandra.

Le 4 août de grand matin, après plusieurs heures de légers vents de S. O., la grande banquise, quoique restant parfaitement fermée et impénétrable au nord, s'écarta suffisamment de terre pour permettre aux navires de faire route à l'ouest, en arrondissant le cap Sabine. Dans l'espoir de trouver un passage du côté ouest de l'île, dont les caps Victoria et Albert sont les points les plus avancés à l'est, nous fîmes immédiatement de la toile, et réussîmes, après avoir été retenus quelques instants, à faire 20 milles le long de la côte sud du détroit de Hayes et à amarrer les bâtiments dans une rade bien fermée. Les chasseurs découvrirent dans le voisinage une vallée d'une riche végétation, avec de nombreuses traces de bœufs musqués et d'autre gibier.

Deux glaciers venant de deux directions à peu près

opposées, et qui, au lieu de se réunir dans leur course descendante, s'amoncellent l'un contre l'autre, luttant sans cesse pour se maîtriser et s'arracher la victoire, firent donner à cette localité le nom de *vallée des glaciers jumeaux*.

La glace dans le détroit était vieille d'une saison et se décomposait tellement vite que si, au bout d'une semaine, elle ne s'en allait pas en dérive, elle ne devait plus présenter aucun obstacle à la navigation d'un navire à vapeur.

Marées dans le détroit de Hayes.

Le 5 août, de fortes marées et un vent de S. O. ouvrirent un chenal au N.O., qui nous permit de faire quelques milles en avant ; mais, ne voulant pas dépenser beaucoup de charbon, nous fûmes arrêtés dans la banquise légère. Après y être restés suffisamment pour m'assurer que le flot venait encore de l'est, quoique le jusant ou marée de l'est fût en apparence la plus forte des deux, je dirigeai le bâtiment à travers la banquise vers le rivage, et, accompagné du capitaine Hill, fis l'ascension d'une montagne haute de 460 mètres. De cet endroit, l'apparence des terres ne donnant aucun indice d'un chenal au nord, en outre les vents d'ouest s'étant établis avec force, ce qui nous faisait espérer l'ouverture d'un passage à l'ouest du cap Albert, nous nous décidâmes à laisser porter et retourner à l'entrée du détroit; en conséquence, les navires firent toute la toile possible pour atteindre le cap Albert, au large duquel le vent tomba, laissant la glace mollement agrégée.

Pris dans la banquise.

Ayant aperçu, le long de la côte nord de la grande terre, une partie de mer libre de glaces et la côte comprise entre le cap Victoria et le cap Albert n'offrant aucun abri, je lançai les deux navires en marche à la vapeur au milieu de la banquise, avec l'espoir de nous y frayer un passage par la force ; mais, avant minuit, nous étions enfermés dans les glaces dans une position désespérée. Le glaçon flottant auquel les bâtiments étaient amarrés à 100 mètres de distance l'un de l'autre dérivait rapidement sur un iceberg. On fit immédiatement à bord des deux bâtiments tous les préparatifs nécessaires pour essuyer un dangereux abordage. Chacun d'eux démonta son gouvernail et son hélice.

D'abord *la Discovery* parut être dans la position la plus dangereuse ; mais le glaçon dans lequel nous étions comme scellés, tournant sur lui-même, délivra le capitaine Stephenson de tout danger immédiat, tandis qu'il amenait *l'Alert* sur la route de la masse inconsciente, qui frayait tranquillement son chemin, en brisant la glace de surface qui la séparait de nous. Nous n'en étions plus qu'à 100 mètres, quand l'iceberg tournant légèrement, présenta une surface plus étendue à la glace qui l'approchait, laquelle, s'accumulant en avant de lui, finit par en remplir l'angle rentrant et former une sorte d'arc de glace pressée, suffisamment forte pour briser en morceaux le glaçon avec lequel nous dérivions et agir comme un bélier en avant de l'iceberg; ce qui, dans notre cas, s'accomplit de la façon la plus heureuse, notre glaçon s'étant rompu en une infinité de parties. Le navire s'en tira au prix d'une très-légère entaille et après qu'il eût glissé sans accident le long de cette masse, nous pûmes le mettre en sûreté dans l'espace libre laissé dans le sillage de l'iceberg par la glace de surface qui dérivait plus vite.

Les vingt-quatre heures qui suivirent se passèrent dans une lutte continuelle pour atteindre la côte à travers la banquise, qui, par bonheur, se composaitde glace n'ayant pas plus de 1m,30 d'épaisseur, mêlée de quelques morceaux de 3m,60 provenant des glaçons flottants montant et s'empilant l'un par-dessus l'autre et cimentés après par les gelées de l'hiver; de petits monticules dont le sommet avait été usé et arrondi par la mer, atteignaient de 2 mètres à 2m,50 d'élévation au-dessus de la ligne de flottaison. Les icebergs, provenant évidemment des glaciers inférieurs, s'élevaient de 6 à 12 mètres au-dessus de l'eau et mesuraient environ 100 mètres de diamètre.

Le vent et les courants de marée étaient si variables, que nous ne pouvions rester longtemps dans aucun bassin de mer libre au milieu des glaces. Tantôt l'iceberg sur lequel le navire avait son ancre pivotait sur sa base et nous entraînait avec lui du côté dangereux, avant que nous ayons eu le temps de changer la position des haussières d'amarrage; tantôt la banquise, poussée rapidement par le vent, dérivait à contre dans une direction opposée et venait fermer l'espace dans lequel nous nous trouvions. Amarrer les navires dans une coupée d'une glace désagrégée en présence d'autant d'icebergs, n'était pas prudent et aurait eu de plus pour résultat d'entraîner les bâtiments plus avant dans la banquise au sud. Il ne me restait donc d'autre alternative que de mettre à toute vapeur et de nous esquiver de notre mieux, en profitant de tout changement en notre faveur. Les navires étaient rarement séparés pendant longtemps et dans la présente occurrence, comme en toute occasion, se secouraient mutuellement. *La Discovery* était manœuvrée par le capitaine

Stephenson et ses officiers, avec audace, adresse et jugement, qualités essentielles du marin dans les navigations arctiques. *L'Alert* et sa conserve n'échappèrent souvent que d'un cheveu au danger continuel qui les entourait. Une fois entre autres, *la Discovery* passant après nous dans un chenal en train de se fermer, entre un iceberg et un glaçon flottant, avant d'avoir pu parer le danger, fut saisie et pincée comme par une immense cisaille contre l'iceberg, et s'il ne s'était heureusement trouvé une langue de glace se projetant en dessous qui la défendit, elle aurait certainement eu tous ses canots hissés du bord exposé, écrasés et mis en pièces. Par bonheur, la glace mouvante la repoussa sans avaries, à peu près de la même façon que *l'Alert* le jour précédent.

Comment la « Discovery » frayait sa route.

La Discovery ayant moins de bau (1) que *l'Alert*, des bossoirs (2) plus fins et en plus une étrave (3) élancée, ce navire se trouve dans de meilleures conditions pour frayer sa route par la force, à travers une banquise. Je n'oublierai jamais la façon hardie avec laquelle *la Discovery* venait au secours de notre navire, qui marchait en tête et dont les bossoirs joufflus se trouvaient enfouis dans la glace que son choc impétueux accu-

(1) Le *bau* d'un navire est, dans cette acception, sa plus grande largeur.

(2) Les *bossoirs* sont les joues du navire à l'avant et aussi de fortes pièces de bois servant à hisser les ancres et fixées à ces mêmes bossoirs dont elles prennent le nom.

(3) *L'étrave* est une pièce de bois ou de fer qui limite le navire à son avant. On lui donne une forme plus ou moins élancée au goût du constructeur. En résumé l'étrave joue, vis-à-vis du navire, le rôle d'un couteau ouvrant les flots devant lui.

mulait sous son avant, tandis qu'une autre partie des débris revenait flotter dans son sillage et l'enfermait sans merci par l'arrière. Après avoir marché en arrière dans le double but de laisser passer les débris de la glace brisée par un premier choc et de prendre du champ pour en frapper un second, *la Discovery* revenait à toute vapeur et se frayait par la violence un passage à travers la glace, qui ensevelissait ses bossoirs jusque par le travers du mât de misaine. L'officier commandant se tenait sur le beaupré et faisait gouverner le bâtiment *à un pouce près :* car s'il n'avait pas frappé la glace à l'endroit convenable, les débris en eussent été lancés sur nous avec une violence qui eût pu nous faire du mal à tous deux.

Avant qu'un pareil choc n'eût été amorti et l'erre (1) du navire cassée, grâce à l'inclinaison de son étrave, son avant montait sur la glace, dans laquelle il s'enfonçait de 3 à 6 mètres en même temps qu'il émergeait de 1 mètre à $1^{m},30$. Le poids du navire écrasait alors l'obstacle sur lequel il était monté et brisait la glace en avant de lui.

Dans ces occasions, il arrivait fréquemment que le bout dehors de foc (2) de notre matelot d'arrière, passait à toucher les canots de *l'Alert !* Mais après un peu de pratique, nous avions une telle confiance l'un dans l'autre, que tout cela se passait sans qu'aucun de nous hésitât.

---

(1) On appelle *erre* d'un navire, la vitesse qu'il conserve, lorsque la force qui le mettait en mouvement est brusquement supprimée.

(2) *Bout dehors de foc*, gros espars assujetti au beaupré et destiné à porter une voile triangulaire appelée grand foc.

Des navires à vapeur qui billardent la glace.

On peut, sans hésitation, billarder des glaçons flottants ayant jusqu'à 1m,20 d'épaisseur, s'ils sont à l'état de glace fondante, et non sous l'influence d'une gelée qui les fait durcir. Si l'on a affaire à de la glace plus épaisse ou plus dure, on agira sagement en n'essayant pas de la billarder avec le navire.

On peut dire, à la louange de nos chronomètres et de leur installation à bord, que leurs marches diurnes (1) furent très-peu affectées des chocs fréquents qu'ils reçurent en cette occasion, et dans bien d'autres après.

Le matin du 8, à 8 heures, nous réussîmes à gagner la bande de mer libre qui longe le cap Victoria, n'ayant pas d'avarie plus sérieuse, après une épreuve aussi rude, que les mèches de gouvernail tordues, conséquence de fréquentes marches en arrière à toute vapeur ; chacun bien heureux d'être sorti de la banquise.

Les deux îles indiquées sur la carte, d'après les documents du Dr Hayes, comme existant à l'entrée du détroit de Hayes, sont en réalité jointes ensemble, ainsi que l'avait à l'origine représenté le présent amiral Inglefield. Les trois caps désignés par ce dernier au nord du cap Sabine sont des pointes très-proéminentes et rapidement aperçues du pont d'un navire, dans n'importe quelle position, au nord de l'île Littleton. Il n'y a aucun indice d'une anse le long de la côte peu découpée qui court entre le cap Camperdown et le cap Albert. Sa baie de la Princesse Marie est l'anse

(1) On appelle *marche diurne* d'un chronomètre la quantité dont il avance ou retarde en 24 heures sur le Temps qu'il est destiné à indiquer, soit T. Moyen ou T. Sidéral.

sur la côte nord au milieu du détroit; mais y a-t-il là une île ou une péninsule, c'est ce qu'il reste à déterminer. Son cap Victoria est évidemment une des pointes élevées de la présente terre de Grinnell.

Changement des noms originairement portés sur les cartes.

C'est évidemment une ingrate besogne que celle qui consiste à trouver des fautes dans les travaux de nos prédécesseurs; mais les navigateurs ne sauraient être trop soigneux sur le choix des raisons qui les autorisent à effacer des cartes des noms donnés par ceux qui ont fait les premières découvertes, ce que l'on fait souvent parce qu'un relèvement pris dans un coup de vent n'a pas bien marché ou qu'une distance estimée s'est trouvée fausse. Quand le correcteur, ou celui qui veut perfectionner, se trompe lui-même et fournit une carte à laquelle on doit encore accorder moins de confiance qu'à celle qu'il a voulu corriger, il mérite d'être blâmé.

Les noms donnés aux caps incontestablement découverts par l'amiral Inglefield, n'auraient pas dû être altérés par les Drs Kane et Hayes, qui tous deux ont publié des tracés très-erronés de la même côte.

Détroit de Hayes.

Il reste encore à vérifier si ce que nous appelons le détroit de Hayes est bien un canal faisant communiquer deux mers. Le flot qui vient de l'est, les montagnes qui bordent sa partie ouest, sans solution de continuité, aussi bien que l'absence d'icebergs ou de lourds glaçons bien avant dans ce bras de mer, pourraient faire penser qu'il est fermé; mais si l'on considère la configuration générale du voisinage et la prédominance de l'èbe (1) ou courant est sur la durée du flot (ce qui pourrait avoir été occasionné par des vents d'ouest), les nombreuses traces d'Esquimaux, traces qu'on trouve habituellement dans les chenaux, il n'y a aucune raison concluante pour ne pas admettre l'existence d'une étroite coupure conduisant à une mer dans l'ouest. L'état délabré de la glace serait le résultat naturel, soit de forts courants de marées dans un long fiord, soit de courants de jusant, dont la force serait augmentée par une contribution venant de l'est et de la mer Polaire.

En doublant ce qui sur la carte est appelé cap Victoria, le capitaine Markham fut à terre pour constater l'état de la glace, mais une brume très-épaisse et une tempête de neige l'obligèrent à rentrer à bord.

A l'ouvert de l'anse de la Princesse Marie, les deux navires furent amarrés sur la glace flottante, restes de la dernière saison qui n'avaient pas encore été entraînés. Cette glace était très-désagrégée, mais suffisamment forte pour nous empêcher de passer au travers, et par le fait, au moment du flot, la pression des navires la rendit si compacte que j'eus peur d'être entraîné à terre avec elle.

Au moment de la pleine mer, elle s'ouvrit et nous permit de traverser la baie et d'amarrer nos bâtiments à la glace soudée à terre dans la baie de Franklin Pierce, à la côte sud de la terre de Grinnell.

Le matin du 9 août, nous déposâmes une notice de l'expédition dans un petit cairn élevé sur une partie saillante des collines crayeuses, hautes de 60 mètres, situées sur le côté ouest de la baie, à un mille et demi du cap Harrison. Nous pûmes gagner 3 milles à

(1) *L'èbe* ou *jusant* est la marée descendante, le nom de flot étant réservé par les marins à la marée montante.

l'est ; mais l'impossibilité de doubler le cap Prescott nous contraignit à amarrer les bâtiments à la glace flottante qui s'étendait de ce cap à l'île de Norman Lockyer, ce qui mit fin à nos progrès en avant.

Banc du Morse.

La baie de Franklin Pierce, qui a à peu près 3 milles de large sur 2 1/2 de profondeur, et dans laquelle nous trouvâmes la glace vieille d'une saison, unie et sans brisures, est protégée contre toute pression exagérée de la banquise extérieure par l'île de Norman Lockyer et le banc du Morse, qui est situé un mille plus à l'est ; c'est donc une excellente position pour un hivernage. Mais, autant que nous pûmes en juger pendant notre court séjour, on peut difficilement se procurer du gibier dans ses environs.

Le banc du Morse est ainsi nommé, à cause d'une grande quantité de vestiges laissés sur l'île par les Esquimaux, qui, à en juger par le nombre considérable d'ossements répandus à terre, y ont évidemment vécu en grande partie de la chair de ces animaux. Dans l'état actuel des choses, cet endroit peut être considéré comme la limite nord de la migration des morses ; on en trouve bien peu par une latitude plus élevée.

Courants de marée dans le canal de Smith.

La mollesse relative des courants de marée à l'entrée de la baie de Franklin Pierce indique que la côte est située en dehors du grand courant, et s'il en est ainsi, l'ouverture désignée sous le nom de la Princesse Marie n'est probablement qu'une anse profonde.

Dans le large bassin du détroit de Smith, le courant

sud et les courants de marée courent en droite ligne entre le cap Frazer et le cap Isabella, produisant des remous et des accumulations de glace dans toutes les anses ouvertes qui bordent leur parcours.

Le mois d'août, dans les mers arctiques, est proverbialpour ses calmes, et comme les montagnes de l'ouest abritent des vents qui chassent au large de la côte, la glace tend à étreindre la terre, ce qui fait qu'avec des vents d'ouest il faut une grande dose de patience pour lutter contre les obstacles qui empêchent de s'avancer au nord.

Banquise dans le canal de Smith.

La banquise dans le grand chenal se composait principalement d'anciens glaçons flottants que la saison précédente n'avait pas chassés du canal. Ces glaçons étaient mélangés avec une légère glace de la saison provenant du chenal de Kennedy et de ses nombreuses baies, en même temps que du bassin de Hall.

De nombreux icebergs, enfants du glacier de Humboldt, étaient semés au milieu de la banquise, les plus petits à la côte est du canal, et çà et là de lourds glaçons semblables à de petits monticules à tête bleuâtre, provenant d'une glace ancienne d'épaisseur inconnue, descendue du bassin arctique.

La variété de ces derniers indique que la dérive principale de la glace venant du nord se fait probablement dans une autre direction.

Pendant la quinzaine que nous passâmes en cet endroit, au milieu d'août et en plein été arctique, une surveillance continuelle fut établie sur la banquise, et aussi souvent que possible de points élevés d'où nous pouvions distinguer jusqu'à la côte est, avec son glacier et sa barrière infranchissable frangée d'icebergs. Quoique de légères ouvertures fussent aperçues de temps à autre, j'ai la satisfaction de constater qu'au nord du cap Sabine la navigation, si restreinte qu'elle fût, était impossible, et que tout navire qui, encouragé par le succès de ceux qui ont traversé la mer de Baffin plus ouverte, chercherait à passer par la force au milieu de la glace du chenal, serait sans aucun doute enclavé dans la banquise et entraîné avec elle au sud.

Nous fûmes retenus pendant trois jours près du banc du Morse, sans pouvoir avancer d'un mille dans aucune direction. Le 12 août, le calme s'étant fait, la glace, entraînée loin de terre par le jusant, nous permit de doubler à la vapeur et sans beaucoup de peine le cap Hawkes en passant entre lui et l'île de Washington Irving (ou île du Sphinx), amer (1) très-remarquable ; mais arrivés là, la glace, sous l'action du courant de flot, nous barra complétement la route et nous empêcha d'avancer davantage.

Cairns sur l'île de Washington Irving.

Un important dépôt de 3,600 rations de vivres fut débarqué sur la côte nord du cap Schott, en même temps qu'une notice relatant les progrès de l'expédition était déposée dans un cairn au sommet de l'île Washington Irving.

Nous trouvâmes là deux cairns, qui ne contenaient aucun document et étaient beaucoup trop vieux pour avoir été construits par le Dr Hayes en 1866, seule

---

(1) On appelle *amer* une marque à terre, telle que clocher, colline, montagne, etc., dont la position bien connue et facile à distinguer sert à guider le navire dans une direction donnée.

époque à laquelle on puisse rapporter le voyage d'aucun voyageur *connu* au delà de cette position.

A la côte ouest de la baie de Dobbin il n'y a aucun abri, et les courants de marée passent avec bien plus de violence qu'au large de la côte située plus à l'ouest.

Le 13 août, pendant le jusant qui suivit, je fis sauter une langue de glace qui s'opposait à mon passage, et réussis à conduire mes bâtiments à la côte est et à les faire entrer dans le bassin d'un large glaçon flottant, à 4 milles au N. O. du cap Hilgard.

Ile du Prince Impérial. — Glacier de l'Impératrice Eugénie.

A un mille au nord de notre position, se trouvait une île nommée « île du Prince Impérial, » séparée de la terre par un chenal large d'un mille. La glace attenante à la terre, et que la saison présente n'avait pas rompue, s'étendait de l'île jusque dans l'ouest, à travers la baie. Quelques petits icebergs étaient pris par la gelée au milieu de cette bande de glace à l'ouvert de la baie, où l'on trouve quelques grands glaciers de décharge qui ont reçu le nom de l'Impératrice Eugénie.

Aussi loin que s'étendirent nos explorations, la terre était peu fournie de gibier et misérable au point de vue de la végétation. Au milieu de la baie, entre le cap Hilgard et le cap Louis-Napoléon, je trouvai un glaçon flottant provenant de la dernière saison ; mais au delà de ces deux promontoires, la glace empilée à leurs pieds indiquait une pression considérable venue de l'ouest.

Le soir du 15 août, après un travail considérable, nous réussîmes à faire sauter et à éloigner une barrière de glaces qui séparait les navires d'un chenal libre conduisant au delà du cap Louis-Napoléon ; mais ce chenal était tellement étroit que, malgré tout le soin qu'y pût apporter le capitaine Stephenson, *la Discovery* s'échoua pendant quelques instants entre la glace et les bas-fonds du rivage.

Le 16, à 8 heures du matin, nous n'étions plus qu'à 5 milles du cap Frazer, quand nous y rencontrâmes de nouveau un bloc de glace. Le calme et les marées de syzygies occasionnaient un déplacement aussi considérable que constant dans la position des glaces, dont la tendance principale était de dériver au sud avec une vitesse d'environ 5 milles par jour.

Nature de la banquise.

Le caractère général de la banquise avait considérablement changé. On ne voyait plus que quelques icebergs échoués, et les glaçons consistaient principalement en monticules anciens, pressés les uns contre les autres, de $3^m,60$ à 6 mètres d'épaisseur et dont la surface supérieure était d'un bleu foncé semblable à du verre de bouteille, ce qui dénote un âge avancé. Il était impossible de songer à couper dans de pareille glace un bassin propre à recevoir le navire, eussions-nous même possédé des scies d'une dimension suffisante. Notre seule chance de salut était de nous tenir entre la terre et quelque iceberg échoué, mais en agissant ainsi, les deux navires durent se séparer, *l'Alert* s'amarrant à l'un des icebergs et *la Discovery* se glissant entre trois autres plus petits et échoués plus à terre.

En danger d'être écrasés.

Les deux jours suivants, pendant lesquels la glace continua à dériver au sud et à l'ouest, le mouvement constant des lourds glaçons, s'écrasant l'un contre l'autre, à l'instar de gigantesques cisailles, entre lesquelles les navires eussent été infailliblement broyés, s'ils avaient été saisis, nous causa une extrême inquiétude. Les officiers et l'équipage durent veiller sans cesse au prix d'un labeur considérable, et tous furent on ne peut plus contrariés de perdre 3 ou 4 milles du terrain conquis les jours précédents. Les gouvernails et les hélices étaient constamment démontés et remontés, les canots de travers (1) retournés en dedans sur leurs portemanteaux (2), à cause de la glace qui venait toucher leur quille, enfin le navire prêt à être en pression au bout de vingt minutes d'avertissement. Somme toute, il n'y eut pas d'autre avarie que la mèche du gouvernail tordue. Le 19, qui était le jour de la plus forte marée de syzygie, la glace auprès de nous devint plus libre, et de la station élevée de Mount-Joy, je vis que nous pouvions au moins regagner le point d'arrêt d'où nous avions été chassés, et peut-être gagner plus au nord.

Cap Frazer.

La glace s'étant ouverte pour la première fois, persuadé que j'étais que c'était là notre dernière chance

---

(1) Le *travers* d'un navire est la partie qui, en langage usuel, correspond au milieu de la coque à l'extérieur, soit à peu près à mi-distance entre l'avant et l'arrière.

(2) *Portemanteaux*, fortes pièces de bois ou de fer, en forme d'arcs-boutants, qui servent à suspendre les canots aux flancs du navire.

pendant les marées présentes et avant l'établissement des gros vents d'ouest, je fis route à travers la banquise pendant 2 milles et entrai ainsi dans un chenal contournant le cap Frazer, chenal qui depuis longtemps était regardé comme une des bornes les plus infranchissables de notre passage au nord.

A 9 heures du soir, après quelques heures de la mer montante qui porta de nouveau la glace à terre, nous étions en plein chenal de Kennedy, amarrés à un glaçon flottant au large du cap John Barrow; nous n'étions que de deux jours en retard sur *la Resolute*, qui à cette époque de l'année avait été chassée par le vent de ses quartiers d'hiver à l'île de Melville, et nous avions encore devant nous quinze jours de la saison pendant laquelle on peut naviguer.

Entre les baies Scoresby et Dobbin il n'y a aucune protection à attendre, à l'exception des abris passagers qu'on peut trouver en dedans des icebergs échoués; aucune des baies n'ayant assez d'eau pour y flotter, n'est assez profonde pour défendre un navire contre la pression d'une glace compacte.

Erreur des cartes.

Quelques instants après minuit la glace, en s'écartant de terre, nous ouvrit un passage et nous permit de faire encore quelque chemin en avant, les espaces libres de glace devenant plus nombreux et plus larges à mesure que nous avancions vers le nord. Après avoir franchi l'entrée d'une grande baie de 10 milles de profondeur environ et parcouru une route très-tortueuse à travers la glace, route pendant laquelle nous n'échappâmes qu'à grand'peine au danger d'être entraînés au sud dans la banquise, nous atteignîmes ce que nous supposions être le cap Collinson, le second au nord de la grande baie qui sur la carte a l'intention de représenter la baie de Scoresby. Mais comme le cap Frazer est placé 8 milles trop au nord et la baie 20 milles trop dans le même sens, que le reste des terres de l'ouest est très-mal représenté sur les cartes, il est difficile de dire au juste où nous arrivâmes. Je suis donc dans la nécessité de relater les progrès de l'expédition en m'en rapportant aux cartes publiées jusqu'à ce jour, et je continuerai à agir de même en me guidant cependant quelquefois sur nos latitudes corrigées.

Entre le cap Collinson et le cap Mac Clintock, point le plus nord de la baie de Scoresby, il y a dans la côte une petite échancrure de un demi à trois quarts de mille de profondeur, mais qui n'offre aucun abri. Au nord du cap Collinson la terre court légèrement à l'ouest, et, à 3 milles environ au nord du cap, tourne brusquement à l'ouest pour former la baie de Richardson, qui est bien plus profonde que ne l'indique la carte. Elle a probablement 4 milles de large et 6 de profondeur.

Les navires arrêtés au large du cap Collinson.

Un volumineux iceberg, qui n'avait probablement pas du tout dérivé pendant la présente saison et qui était échoué complétement à 2 milles de terre dans la baie peu profonde au nord du cap Collinson, empêchait une glace flottante très-compacte de s'écarter du rivage. Ce même iceberg retenait toute la glace que le courant chavirait le long de la côte ouest en contournant la baie de Richardson et en la forçant de dériver au S. E., au loin du cap Collinson, au large duquel il y avait un chenal navigable, entre l'iceberg et lui.

Les deux navires s'amarrèrent dans ce bassin, constamment en éveil pour saisir l'occasion de faire du nord, et employant toute l'énergie des hommes pendant ce délai forcé à nous frayer une route à travers la glace qui soudait l'iceberg à la terre et lui permettre de dériver au sud. Nous employâmes la poudre pour faire sauter la glace et la chasser au nord; mais, heureusement peut-être pour nous, nous ne pûmes y réussir : car en agissant ainsi, dans le cas où la glace du large ne se fût pas ouverte en même temps, nous eussions pu perdre notre principal abri, l'iceberg seul étant trop petit pour former un bassin sous le vent duquel les deux navires, et peut-être même un seul, eût été en sécurité. Nous déposâmes sur la terre du cap Collinson des provisions pour nos voyageurs futurs, qui devaient s'avancer dans le sud en suivant la côte.

Courant dans le chenal de Kennedy.

Le courant observé court avec plus de force au sud que dans la partie la plus large du canal de Smith. Pendant chaque marée de flot 5 milles de glace environ passèrent près de nous; pendant 4 heures de jusant ce mouvement s'arrêtait et 10 milles de glace environ dérivaient ainsi chaque jour au sud, s'ajoutant à celle accumulée déjà dans le bassin du canal de Smith, à moins que, ce qui est probable, elle ne fût enlevée à mesure dans la baie de Baffin par l'entrée sud. La partie nord de cette côte était de chaque bord encombrée de glace qui s'était empilée, semblable à un mur de 6 à 9 mètres de hauteur; mais en tout autre endroit l'accumulation était loin d'être aussi forte.

Essai pour traverser la banquise. — Progrès dans le chenal de Kennedy.

Le matin du 21 août, les chenaux qui découpaient la glace au milieu du détroit ayant la plus tentante apparence, nous partîmes au moment de la pleine mer. La glace nous entraîna bientôt si loin de la terre, que je m'empressai de retourner à l'abri de notre iceberg et de nos glaçons protecteurs, pour y attendre la prochaine marée, essayant d'abord d'élargir la petite ouverture qui existait entre les deux, en billardant avec le navire; mais comme je m'aperçus que cela me coûterait trop de charbon et donnerait trop de secousses au bâtiment, qu'en outre je dépenserais trop de poudre pour me frayer une route praticable en faisant sauter la glace, je renonçai à mon entreprise.

Après m'être consulté avec le capitaine Stephenson, et avoir remarqué que l'ouverture constante des chenaux du large indiquait qu'au loin la mer était plus libre, les deux navires appareillèrent de nouveau à 9 heures du soir, juste avant la marée basse, et, après une route ennuyeuse à travers 3 milles de lourds glaçons très-rapprochés les uns des autres, nous arrivâmes dans des coupées plus ouvertes s'étendant au N. E. dans le détroit.

Un vent de nord piquant, accompagné de brume et de neige, et fraîchissant en même temps, emporta la glace avec rapidité dans la direction du sud et nous força de louvoyer (1) à la machine sous toutes voiles

(1) *Louvoyer*, se dit d'un navire qui, ayant le vent contraire, s'avance en zigzags vers le but, en naviguant aussi près qu'il le peut de la direction du vent.

du temps, virant de bord fréquemment pour éviter les plus gros paquets de glace. Après cette tempête de neige, la terre resta couverte d'un blanc linceul pour le reste de la saison.

A midi, le 22, après avoir lutté sans cesse contre ce gros vent debout, nous réussîmes à passer au vent de la pointe nord de la baie la plus remarquable de la côte ouest, désignée sur les dernières cartes sous le nom de baie de Carl Ritter, mais s'accordant en latitude et en position relative avec la partie nord de la baie de Richardson. Dans cette partie du chenal, il y avait bien peu de glace, mais, 3 ou 4 milles plus au nord, il y en avait une notable quantité, barrant le chenal dans la direction de l'île Crozier, et me forçant à faire route sur cette île.

Dans la soirée, le vent ayant molli, je fis ramasser toutes les voiles et fis route au nord en passant par des coupées plus ouvertes, en doublant l'île Franklin dans l'ouest. A minuit, nous étions par le travers de l'île Hans avec la mer parfaitement libre entre nous et la terre de l'est; mais le charroi des glaces nous empêchait d'approcher la côte ouest. Il n'y a aucune anse profonde répondant à la baie de Carl Ritter, marquée sur les cartes par cette latitude.

Arrêtés par la glace au cap Morton.

En faisant à la vapeur route au nord, je tâchai de serrer la côte ouest au sud du cap Cracroft; mais la glace m'empêcha de réussir et m'obligea à porter à l'est sur le cap Bryant. En le doublant, je trouvai la banquise s'étendant du cap Morton et de l'île Joe jusqu'au cap Lieber, pendant qu'un vent soufflant constamment de l'ouest renforçait encore cette barrière, en faisant dériver d'autre glace au nord par le chenal de Kennedy. *La Discovery* établit alors un dépôt de 240 rations au cap Morton pour servir à toute expédition devant explorer le fiord de Petermann. Après cela, les navires s'en retournèrent en louvoyant, à la baie Bessel, à l'entrée de laquelle nous trouvâmes un mouillage bien abrité, au nord de l'île Hannah.

Coup d'œil sur le chenal de Robeson.

Le 24, le vent d'ouest continuant à souffler, ce qui, je le savais, devait faire ouvrir la glace sur la côte ouest du bassin de Hall, je fis l'ascension du cap Morton. A une altitude de 600 mètres, il faisait un calme absolu et le ciel était clair. Les caps élevés du chenal étaient parfaitement visibles, le cap Union à 70 milles, le cap Summer à 50 milles, l'un mordant sur l'autre d'environ cinq degrés. Toute la côte ouest du chenal de Kennedy jusqu'au cap Lieber et la baie de Lady Franklin étaient dégagées; il y avait quelques coupées navigables, au milieu des glaces qui encombraient le milieu du chenal au loin dans le nord.

A partir de l'île Joe, au nord et à l'est de la baie Polaris, la glace était ramassée, très-serrée, mais plus ouverte entre le cap Lupton et le cap Beechey.

Après cette inspection, je me précipitai vers mon canot et fis signaler aux bâtiments d'appareiller. Nous fîmes alors promptement route à la voile, nous dirigeant vers le nord à travers le chenal de Kennedy.

Cinq milles au nord du cap Lieber, la banquise me fit entrer dans le sund de Lady Franklin, sur la côte nord duquel je trouvai une anse me promettant un abri.

En approchant de plus près nous découvrîmes une

rade spacieuse et bien abritée en dedans d'une île située à l'ouest du cap Bellot, contre lequel la banquise du chenal venait s'arrêter. Le matin du 25 août, les navires s'y amarrèrent à toucher le rivage.

Arrivée au havre de la « Discovery ». — Bœuf musqué.

En entrant dans la baie, nous eûmes la satisfaction d'apercevoir un troupeau de neuf bœufs musqués, qui tous furent tués. La joie que nous causa la bonne chance de nos chasseurs s'augmenta considérablement quand nous eûmes appris que la végétation était infiniment plus riche que celle de n'importe quelle partie de la côte visitée par nous depuis Port Foulke, l'Élysée des régions arctiques. Cette rade étant à tous les points de vue commode pour un hivernage, et l'abondance, dans ses environs, de ce qui reste de la végétation arctique nous promettant une ample provision de gibier, je me décidai à y laisser *la Discovery* et à pousser en avant avec *l'Alert* seule.

Basse température.

Quoique le soleil fût encore sur l'horizon, à minuit notre position était si nord, que sa hauteur à midi était trop faible pour influencer beaucoup la température. Après le 20 août, elle se maintint constamment au-dessous du point de congélation, et la glace nouvelle se formait au milieu du jour, bien plus tôt que cela n'a lieu dans des latitudes plus basses. Néanmoins, la navigation arctique dépend tellement de la direction du vent, que je considérai que la saison des traversées arctiques, saison dont la durée est de vingt jours, était encore à son apogée. La glace dans le chenal de Robeson était suffisamment rompue, montant et descendant le détroit, suivant les changements de marée, et n'attendant que le vent pour ouvrir un passage le long du rivage.

L' « Alert » et la « Discovery » se séparent.

Mon équipage ayant été renforcé du lieutenant Wyatt Rawson et de sept hommes de *la Discovery*, destinés à former l'armement d'un traîneau, les deux navires, dont les états-majors avaient lutté pour la même cause avec autant d'harmonie que de succès, se séparèrent le matin du 26 août.

L'équipage de l'un, si les cartes et les documents publiés par nos prédécesseurs étaient corrects, partait avec l'espoir consolant d'accomplir avec succès, selon toute probabilité humaine, la tâche qui nous était assignée; mais l'équipage de l'autre, quoique plein d'un légitime orgueil en pensant à l'avenir de ses camarades, et partageant le sentiment généreux qui les soutenait, ne pouvait, qu'avec peine, vaincre le sentiment douloureux d'être laissé en arrière pour remplir un rôle qu'il ne pouvait considérer que comme secondaire dans le programme général.

En arrivant à l'entrée de la rade, nous nous aperçûmes que la banquise principale s'était rapprochée de terre et qu'elle remplissait complétement la baie de Lady Franklin; quelques glaçons flottants s'en allaient rapidement emportés par le courant dans la baie de *la Discovery*. En essayant de nous dégager de ces derniers, le navire s'échoua au milieu de la pleine mer et resta dans cette position pendant une demi-heure, jusqu'à ce que par bonheur, en amenant les canots et l'allégeant un peu, nous réussîmes à le faire flotter de nouveau sans avarie.

Pendant l'après-midi, la banquise sur laquelle le vent

n'avait probablement aucune influence et qui, toute la journée, surtout pendant le flot, avait dérivé au sud, s'éloigna un peu de terre, à l'instant, du bas de l'eau.

Je saisis avec empressement l'avantage que nous procurait cette ouverture, qui nous permettait de faire du nord ; mais en arrivant à la pointe Murchison, la banquise qui barrait complétement le détroit nous empêcha de faire aucun progrès en avant; il ne nous restait donc plus autre chose à faire que de retourner à la baie de *la Discovery*, où nous amarrâmes de nouveau le bâtiment, tout près de l'entrée, afin d'être prêts à reprendre notre route à la première occasion.

Le 27, nous n'eûmes que de légers vents de N. E. La glace du chenal continua à dériver au sud, excepté au moment du fort du jusant, pendant lequel ou elle restait stationnaire, ou elle se laissait lentement entraîner au nord, mais pas assez rapidement pour ouvrir un passage navigable, quoiqu'un peu avant la pleine mer, elle parût si près de se mettre en mouvement, que je fis rappeler à bord les patineurs qui étaient à terre et ordonnai de se tenir sous pression.

Le 28, la glace était décidément plus libre, et, à 11 heures du matin, heure à laquelle le courant de marée portant au nord commençait à s'établir, nous prenions les dispositions d'appareillage, quand une brume épaisse nous enveloppa, nous masquant la vue au point qu'on n'y voyait pas à 20 mètres, ce qui nous retint au mouillage. La brume se dissipa dans l'après-midi; mais il était alors basse mer et je m'aperçus, en essayant de faire remuer le bâtiment, que, quoiqu'il fût à flot, il était de tous côtés entouré par un banc de vase élevé, de sorte que nous éprouvions un supplice semblable à celui de Tantale, ayant sous. nos yeux un chenal où la route était libre et forcés de rester enfermés dans notre bassin improvisé. Enfin, la mer gonflant avec le flot, nous réussîmes en l'allégeant à faire sortir le navire de sa prison.

En même temps que flottait au grand mât le dernier signal d'*adieu* à *la Discovery*, je fis hisser les embarcations, mettre en route, et bientôt nous arrivâmes à un mille du cap Beechey, à 15 milles au N.-E. de la baie de *la Discovery*.

Arrivés là, un choc contre un gros glaçon flottant nous mit hors de service notre gouvernail, dont la mèche avait été tordue quelques jours auparavant ; en même temps, nous aperçûmes la banquise serrée contre la partie nord du cap, ce qui me fit prendre la résolution d'amarrer le navire à l'abri d'une glace échouée, pour y changer le gouvernail.

Pendant cet arrêt forcé sur cette partie de la côte, nos chasseurs furent assez heureux pour s'emparer de trois autres bœufs musqués, ce qui constituait une heureuse addition à notre provision de viande fraîche.

Le 29, la banquise resta collée au nord du cap Beechey jusqu'à midi, quand, à peu près au moment de la pleine mer, étant monté au sommet du cap, je m'aperçus qu'elle s'en séparait. Je signalai immédiatement au navire de marcher en avant et, ramassant mon canot en route, nous pûmes ainsi atteindre la baie de Lincoln. Notre route ne fut qu'une lutte à la course avec un gros glaçon flottant que nous ne gagnâmes que d'une longueur. Cette lutte était pour nous aussi saisissante qu'inquiétante : car notre rival nous poussait dans la direction des falaises saillantes et abruptes du cap Frédérick VII, situées à la pointe sud de la baie, et menaçait ainsi de nous empêcher de faire route.

Baie de Lincoln.

La baie de Lincoln est dangereuse. Heureusement un banc qui est à son entrée retient échoués de gros îlots de glace flottante, lesquels contribuent dans une large mesure à empêcher la glace d'y entrer par les vents de S. O., vents auxquels elle est complétement ouverte.

Le fond de la baie, qui de loin nous parut couvert de végétation, était rempli par une petite banquise formée d'un nombre considérable de petits glaçons flottants n'ayant pas plus d'un quart de mille de diamètre, mélangés avec une glace rugueuse et tourmentée. Le tout était si bien cimenté par la gelée de la saison présente, que nous eûmes les plus grandes difficultés à y dégager un bassin pour y loger le navire.

Établissement à terre d'un dépôt de provisions.

Le 30, nous établîmes sur la côte nord de la baie un dépôt de 1,000 rations pour l'usage de nos compagnies de voyageurs. Peu de temps après la pleine mer, la glace s'étant considérablement ouverte, nous fîmes route au nord; mais une fois en marche, quelques glaçons d'une taille considérable et formés d'une glace d'une densité exceptionnelle m'obligèrent, à mon grand regret, à me tenir à 3 milles de terre, courant ainsi le risque de voir le navire enfermé dans la banquise, ce que je désirais ardemment éviter.

Pris dans la banquise.

Depuis que, pour la première fois, j'avais, du cap Morton, examiné la glace du chenal de Robeson, j'avais recommencé cet examen et remarqué chaque fois qu'il existait des *allées liquides* (1) s'étendant dans la direction du S. E. au N. O., en travers du chenal, depuis les environs du cap Lupton sur la côte du Groënland, jusqu'au cap Frédérick VII à la côte ouest. J'attribuai la formation de ces allées à ce que, cet endroit étant la partie la plus étroite ou col du chenal, la glace, suivant la direction de la pression qu'elle supportait, se trouvait écrasée au nord ou au sud de cet espace restreint.

A 3 heures d'après-midi, au moment où notre marche en avant fut arrêtée par la glace, la vue de quelques espaces libres autour de nous, jointe à l'observation dont je viens de parler, me décidèrent à attendre au bord de la banquise une ouverture favorable, au lieu de retourner à l'abri de la baie de Lincoln. Je fus d'autant plus porté à prendre cette résolution, que nous avions encore devant nous deux heures de courant de marée portant au nord et favorisée par une légère brise encore suffisante.

J'eus le regret de voir mon espoir complétement déçu: car à 4 heures d'après-midi, n'ayant que juste le temps de choisir autour de nous le lit qui me paraissait le plus tendre, c'est-à-dire le plus loin possible de la glace épaisse et lourde, le navire se trouva complétement entouré. Nous étions enfermés d'une façon désespérante dans une banquise très-épaisse, composée de vieux glaçons de 24 mètres d'épaisseur et qui ne mesuraient pas moins de 1 à 4 milles de diamètre.

---

(1) Cette expression est loin d'être française; mais c'est la seule qui puisse rendre les mots *lanes of water*, dont se sert le capitaine Nares, ce qui se comprend de reste et exprime parfaitement les coupures de la glace qui jouaient pour *l'Alert* le rôle des allées d'une forêt ou d'un bois impénétrable.

Les intervalles entre les glaçons flottants étaient remplis par de la glace brisée en morceaux de toutes les tailles, depuis ces petits monticules à la ronde tête bleue, suffisamment élevés au-dessus de l'eau pour soulever en entier nos canots de côté, sous lesquels ils passaient en se broyant dans leur route le long des flancs du navire, jusqu'aux morceaux plus petits, que les lourds glaçons dans leur cisaillement perpétuel avaient polis et arrondis, comme le fait un torrent des pierres qu'il roule dans son lit.

Heureusement pour nous que, dans la banquise, se trouvaient encore de nombreux paquets d'une glace bourbeuse et molle provenant des dernières neiges : si des glaçons, de ce genre particulier, viennent à se presser l'un contre l'autre, avant que la gelée les ait suffisamment durcis, ils se forment en masses semblables à des assiettes aux bords relevés, chacune d'elle arrondissant sa voisine, quand elles entrent en mouvement.

La glace augmente d'épaisseur en même temps que nous avançons au nord.

Depuis que nous avions rencontré la glace au large du cap Sabine, j'avais constaté un changement considérable qui s'opérait par degrés dans l'aspect et dans la formation des glaçons flottants.

Les premiers que nous rencontrâmes n'avaient pas plus de 2^{m},40 à 3 mètres d'épaisseur. Au large du cap Frazer, nous trouvâmes quelques morceaux plus anciens dont l'épaisseur nous parut être de 6 mètres; mais nous savons maintenant que cela était bien au-dessous de l'exacte mesure. Cependant jusqu'alors je n'avais pas encore pu constater qu'au lieu de nous rapprocher d'une mer ouverte et d'un climat chaud, nous avancions graduellement vers un océan où la glace était totalement différente de celle que nous avions vue jusque-là, telle que peu de navigateurs en avaient rencontré, et contre laquelle un seul avait lutté avec succès. En réalité, nous devions nous approcher de cette mer, berceau de la lourde glace que Collinson et Mac Lure trouvèrent au large de la côte d'Amérique. Ce dernier, en 1851, réussit à conduire, pendant plus de 100 milles, un navire à voiles au milieu de cette glace, accomplissant ainsi son impérissable et périlleuse traversée le long de la côte N. O. de la Terre de Banks, du cap du Prince-Alfred à la baie de Mercy, où son navire fut enseveli pour jamais.

Sir Edward Parry la rencontra aussi dans ce même chenal en 1820, mais avec la tâche plus rude et plus dure de naviguer sans cesse contre des courants et des vents debout, qui le forcèrent de s'avouer vaincu, ainsi que ses intrépides compagnons. C'est elle qui, dans sa marche vers l'est, du détroit de Melville au chenal de Mac Clintock, enserra pour toujours *l'Erebus* et *le Terror*, sous les ordres de sir John Franklin et du capitaine Crozier, et elle encore qui, mêlée à la glace légère du Spitzberg, descend constamment au gré du courant qui la charrie au sud, le long de la côte est du Groënland, où elle détruisit la corvette *Hansa*, pendant la dernière expédition allemande aux régions arctiques.

Comme nous n'avions plus d'autre ressource pour gagner au nord contre le courant général (sans parler du risque final de rester ainsi bloqués dans une pareille banquise), que de regagner la côte si nous le pouvions, je fis allumer les feux des deux chaudières, et se tenir sous toute vapeur, prêts à profiter de la moindre chance favorable qui pourrait se présenter. Pendant la nuit, au moment de la pleine mer, la banquise, qui jusque-là avait dérivé au sud à l'état de masse compacte, s'allégea un peu sur la lisière des gros glaçons flottants, qui, étant profondément enfoncés dans l'eau, sont entraînés avec une vitesse différente de celle de la glace ordinaire, le courant de la surface n'ayant pas la même vitesse que le courant sous-marin. Mais, avant que nous ayons eu le temps de dégager à l'arrière du navire un espace libre suffisant pour nous permettre de remonter notre gouvernail, la glace se referma et nous obligea à le démonter de nouveau. Au moment où le courant de jusant atteignait sa plus grande force, la banquise parut s'ouvrir un peu sous un effort qui demeura impuissant.

Sortie de la banquise.

Comme nous avions le ferme espoir que cet état de choses devait changer au moment de la basse mer, je fis, au prix de beaucoup de travail, dégager à l'arrière du navire un espace suffisant pour que les hommes pussent y travailler à monter le gouvernail de rechange, lequel faillit nous faire perdre une occasion favorable, par suite de son manque d'équilibre. Enfin, pendant un moment où, à l'instar de ce qui s'était passé au moment de la haute mer, la pression de la glace diminua, le navire, qui avait alors la vapeur de ses chaudières à une tension supérieure à celle des essais officiels eux-mêmes, commença à se mettre en mouvement, et, en faisant machine en arrière et en avant, finit par se dégager un champ suffisant pour pouvoir fondre sur la glace, que nous attaquâmes de front à coups d'éperon. C'est de cette façon que nous pûmes, presque providentiellement, atteindre la côte de la baie de Lincoln.

Si nous avions tardé cinq minutes de plus, le bâtiment serait resté dans la banquise pendant le coup de vent de S. O. qui commença à souffler le soir même et dura deux jours, chassant la glace au N. E. en dehors du chenal de Robeson, ce qui par le fait nous permit de doubler le cap Union sans aucune peine.

Avantages des navires à vapeur pour naviguer dans les glaces.

Cette dernière lutte avec la banquise, aussi bien que celles que nous avions eu à soutenir dans bien d'autres occasions, nous démontra de quelle faiblesse étaient les efforts de l'équipage pour dégager la glace amoncelée sous les bossoirs ou le long des flancs du navire, si on les compare à l'énorme puissance d'un bâtiment qui peut, même à une vitesse modérée, se frayer une route à coups d'éperon.

Les navires à vapeur peuvent, nous n'en doutons pas, pénétrer une banquise légèrement désagrégée, et que les anciens navigateurs eussent considérée comme infranchissable pour leurs navires à voiles, dépendant entièrement du vent. Nous devons cependant ajouter qu'il y a une limite aux risques qu'il est prudent de courir ; on n'a pas encore construit de navire capable de supporter ce que l'on peut appeler un *vrai cisaillement* entre deux morceaux de glace épaisse.

L'après-midi du 31 août, peu de temps après que le navire eut été amarré dans sa position primitive, le long de la glace solide de la baie de Lincoln, le vent fraîchit graduellement du S. O., sa direction venant légèrement de terre. La brise poussait devant elle une tempête de neige et le temps avait une apparence menaçante.

Autant qu'il nous était permis d'en juger à travers la neige, la partie principale de la banquise dérivait devant la tempête, au nord du chenal de Robeson. Cependant, comme je savais qu'il se passerait quelques heures avant l'ouverture d'un passage permettant de naviguer au delà du cap Union, j'attendis jusqu'au matin du 1er septembre. A ce moment, j'appareillai le navire, en gardant la pression suffisante pour mettre en route à la machine s'il le fallait, et nous réussîmes à passer le détroit, fuyant devant le temps avec une vitesse de 9 milles 1/2 à l'heure. Nous passâmes ainsi entre la côte ouest et la banquise, qui dérivait rapidement au nord, laissant entre elle et la terre un chenal d'environ 3 milles de large.

Nous arrivons à la latitude la plus élevée qu'on ait jamais atteinte.

A midi, je fis hisser le pavillon national à la corne de *l'Alert*. Le navire que Sa Majesté Britannique m'avait confié était alors par 82° 24′ nord, latitude la plus élevée qui ait jamais été atteinte.

En venant à l'ouest, à l'entrée nord du chenal de Robeson, nous tombâmes dans le calme, à l'abri de la terre, ce qui nous fit serrer les voiles et mettre à la vapeur ; en même temps, la largeur du canal navigable diminua sensiblement, jusqu'au cap Sheridan, où la glace rejoignait la côte.

Mur de glace.

Dans le chenal de Robeson proprement dit, à l'exception des endroits où les falaises sortent à pic de la mer et ne présentent aucune lisière sur laquelle la glace puisse s'appuyer, le rivage est, à quelques pas de distance, bordé par un mur de glace au sommet déchiré, dont l'épaisseur varie entre 6 mètres et 13 mètres de hauteur. Il n'est interrompu qu'en face des ravines les plus larges, endroits où les torrents de l'été ont entraîné le sol et exhaussé le fond de la mer assez pour retenir la glace flottant à la dérive. Il se forme alors une ligne de petits monticules isolés du mur principal et qui en détruisent ainsi la continuité.

Iles de glace.

Au sortir du chenal de Robeson, dès que la côte s'infléchit à l'ouest, elle perd son caractère abrupt et escarpé. La glace s'étend alors à 100 ou 200 mètres du rivage qu'elle borde d'une frange formée de masses détachées, de 6 à 20 mètres d'élévation au-dessus de l'eau, et échouées par des fonds de 15 à 20 mètres, tout près de la plage, excepté dans les endroits où la côte est peu accore (1).

La glace flottante a une épaisseur moyenne de 24 mètres ; elle provient toujours de la rupture de la couche d'eau salée congelée, couche dont elle faisait originairement partie, à l'état de morceaux de dimensions horizontales un peu plus considérables.

Dès l'instant que je rencontrais la glace collée au cap Sheridan, après n'avoir gagné que 25 milles au nord franc depuis mon départ de la baie de Lincoln, le matin même, il ne me restait plus d'autre alter-

(1) *Accore* se dit d'une côte au pied de laquelle la mer est encore profonde et près de laquelle un navire peut passer sans s'échouer.

native que d'amarrer le navire en dedans de cette baie protectrice, ce que je fis pendant l'après-midi.

Je fis établir à terre un dépôt de 2,000 rations destinées à nos compagnies de voyageurs.

Le temps resta bouché et brumeux jusqu'au soir. A ce moment, je pus, d'une hauteur de 90 mètres audessus du niveau de la mer, obtenir un aperçu assez complet de la côte. Elle continuait à s'étendre au N. O. pendant 30 milles environ, formant ainsi une grande baie limitée par la chaîne de montagnes des États-Unis. Les monts Marie et Julia, ainsi que le cap Henry, dénominations qu'ils ont reçues de feu le capitaine Hall, sont si remarquables, qu'il ne pouvait y avoir aucun doute sur leur identité, quoique leur gisement différât de plus de 30° de celui qu'indique la carte. Aucune terre en vue dans le nord, et cependant nous avions un tel désir d'en apercevoir une que nous espérions encore que les gros nuages amoncelés dans cette direction la dérobaient à nos yeux. Mais, en réfléchissant au caractère et au mouvement de la glace, je fus, bien malgré moi, forcé de les admettre comme une preuve convaincante qu'il n'existait aucune terre à une distance raisonnable et que nous étions arrivés au bord de l'océan Arctique, qui se trouvait être précisément l'opposé d'une « *Mer polaire ouverte* »!

Banquise au large du cap Sheridan.

La banquise se trouvait accolée au cap Sheridan et à la côte s'étendant à l'ouest de ce promontoire. Sous le vent de chaque pointe s'avançant dans la baie, nous remarquâmes cependant un bassin de mer libre que nous ne pouvions penser atteindre, à cause de la barrière de glace qui nous en empêchait. A l'est, le chenal par lequel nous nous étions avancés s'était complétement bouché, et le navire, quoiqu'en sûreté, était complétement emprisonné dans la banquise.

La dernière neige tombée avait recouvert la terre d'un blanc linceul de 15 à 30 centimètres d'épaisseur, et les pentes des collines peu élevées n'offraient à la vue qu'un paysage peu réjouissant.

Pendant la nuit, le vent souffla de nouveau avec violence du S. O., et dans un grain les haussières qui nous amarraient se rompirent sous l'effort de la brise. Je fus obligé de mouiller une ancre de bossoir, qui, tombant sur un fond de gravier, ne put s'y accrocher. Le navire ne fut maintenu qu'après avoir dérivé à 100 mètres en dehors de la barrière de glace flottante, dont la banquise s'éloignait lentement dans la direction du N. E.

La tempête dura toute la nuit entraînant à 2 milles de terre la banquise qui, dans son mouvement constant vers l'est, finit par se coller contre la pointe Sheridan, nous enlevant ainsi toute chance de nous avancer dans le nord ou dans l'ouest.

Pendant ce violent coup de vent, je fus vivement frappé de la ténacité avec laquelle la banquise se maintint dans sa position, et ne pus m'empêcher de craindre qu'il ne nous restât que bien peu de chances de trouver une ouverture nous permettant de nous avancer beaucoup, pendant la présente année. Mais sachant combien le mouvement de la glace est parfois aussi inexplicable qu'incertain, je me repris à espérer de meilleures occasions.

Le matin du 2 septembre, le vent sauta tout d'un coup du S. O. au N. O. et ramena rapidement la banquise du côté de terre; le navire tomba alors en travers, sur le côté du large de l'épaisse glace attenant au rivage. Heureusement pour nous, le baromètre indiquant un changement de temps, j'avais fait garder la machine prête à marcher, ce qui nous permit de lever notre ancre, non sans avoir manœuvré pendant longtemps. Notre bassin abrité était si petit, son entrée si étroite et si encombrée par la glace, que ce ne fut qu'avec la plus extrême difficulté et le travail le plus ardu que nous réussîmes à y faire entrer le navire l'arrière le premier, non sans avoir sacrifié bon nombre d'haussières. Le vent et la marée nous poussant en travers, c'était une question assez épineuse que de savoir qui, du navire ou de la glace, arriverait le premier au point désiré. Mon inquiétude fut bien allégée quand je vis le navire éviter (1) en sûreté, au moment où toute la banquise du nord vint rencontrer le côté extérieur de notre glace amie, et, au lieu de nous faire quelque avarie, renforcer sensiblement le mur qui nous protégeait à l'extérieur en poussant encore à terre de nouveaux morceaux de glace. Par contre, nous ne pûmes nous empêcher de prévoir que nos chances d'avancer au nord, ainsi que nous le désirions, diminuaient en proportion de l'abri que la banquise venait de nous offrir.

Formation d'une île de glace.

Le danger auquel nous venions d'échapper de si près nous apparut dans toute son étendue quand nous vîmes passer la banquise auprès de nous, se dirigeant à l'est avec une vitesse de un mille à l'heure. Animée d'une force irrésistible, elle balayait tout sur son

(1) *Éviter*, tourner autour de son ancre ou de tout autre point fixe auquel le navire est amarré.

passage, accumulant sans cesse de nouvelles masses de glace, en dehors de notre mur de protection.

Un gros glaçon flottant commence par échouer sa partie saillante sur les fonds de 18 à 20 mètres, tandis que celle qui reste à flot, incapable d'arrêter sa course, se sépare d'elle-même de la première. La pression continuant cependant à agir sur cette masse détachée, celle-ci s'élève lentement sur les pentes abruptes du rivage et émerge parfois de 3 à 4 mètres au-dessus de la ligne de flottaison, en se maintenant presque toujours droite sur sa base.

Le mouvement de ces glaces diffère entièrement de celui de deux glaçons flottants se choquant au milieu du courant. Ces derniers dont l'épaisseur varie de $1^{m},20$ à 2 mètres se soulèvent mutuellement, cherchent à s'écraser et retombent enfin l'un sur l'autre au milieu de bruyants craquements. Dans le premier cas, au contraire, ce sont d'énormes masses, atteignant quelquefois un poids de 30,000 tonnes, qui se pressent l'une contre l'autre. La plus forte finit par soulever l'autre et la monte sur le terrain dans un mouvement silencieux et plein d'une majestueuse grandeur.

Qu'arrive-t-il quand deux glaçons de 24 mètres d'épaisseur viennent à se rencontrer? Nous ne pouvons le dire. Mais ce que nous pouvons assurer, c'est que tout navire qui serait pris entre deux masses pareilles (masses qui émergent plus que lui au-dessus de l'eau), serait dans la position d'un bâtiment qui, échoué dans un bassin de carénage (1), verrait les deux murs se refermer sur lui.

---

(1) On appelle *bassin de carénage* d'immenses trous communiquant avec la mer et dont les parois sont maçonnés. On y fait entrer le navire en les remplissant d'eau, puis on en pompe le contenu, ce qui laisse le bâtiment à sec et permet de travailler à sa carène.

Glace au large. — Mer polaire.

Pendant les trois jours qui suivirent, de légers vents d'ouest soufflèrent constamment ; la glace se maintint collée à terre ayant un léger mouvement dans la direction du S. E. et quelquefois s'arrêtant et se resserrant au N. O. pendant la durée du jusant. Le flot produisait quelques étangs de mer libre, d'un demi-mille de longueur sur un quart de mille de largeur. Ces étangs se formaient presque toujours à la partie S. E. des plus gros glaçons, mais restaient toujours séparés les uns des autres par plusieurs milles de glace très-épaisse.

Malgré que quelques gros glaçons fussent encore en vue au large, la banquise, à une distance de 5 milles de terre, se composait de glaçons de moins d'un mille de diamètre et d'une grande quantité de débris rugueux, provenant évidemment de la rupture des grosses glaces flottantes, alors qu'elles se frayaient un passage au delà des points de la terre qui nous restait dans le N. O. ; le tout formait pour nos traîneaux une route aussi cahoteuse que possible.

Envoi d'un traîneau pour explorer la côte du N. O.

A cette période de mon voyage, quoique toute navigation régulière fût évidemment arrivée à son terme, je n'en étais pas moins très-désireux de retirer, avant l'établissement de l'hiver, le navire de la position dangereuse qu'il occupait. Cependant, la saison qui s'avançait à grands pas me mit en garde contre tout mouvement prématuré n'ayant pas pour résultat probable l'acquisition d'une position bien abritée. En conséquence, le capitaine de frégate Albert Hastings

Markham et le lieutenant Pelham Aldrich, partirent le 5 septembre pour aller reconnaître une baie que nous avions aperçue de notre colline d'observation et distante d'environ 9 milles à l'ouest. Ils me rendirent compte que c'était une baie bien abritée, entièrement recouverte d'une couche de glace de la saison, mais que les îles de glace échouées formaient à son entrée un mur continu qui en défendait l'entrée.

La température se maintenait constante entre — 7° et — 12°, pendant que la barrière de glace qui nous protégeait, tout en nous emprisonnant, s'augmentait de 200 mètres environ du côté de la mer. Chaque gros morceau de glace se cimentait avec son voisin à l'aide de petits débris qu'apportait le courant de marée et que la gelée saisissait dans cette position.

Tout cela, joint au rapport de mes officiers, me fit prendre la décision de débarquer à terre toutes les provisions et rechanges qui encombraient les ponts du navire, et dont nous n'aurions aucun besoin pendant l'hiver, si, par un hasard heureux, nous réussissions à gagner un endroit plus sûr.

Pendant les journées des 6, 7 et 8 septembre, la neige qui tomba en abondance fit fléchir sous son poids la glace encore jeune, et détermina des infiltrations d'eau à la surface, rendant ainsi les voyages en traîneaux très-difficiles.

Cependant, comme je n'attendais aucun mouvement décisif dans la position des glaces au moment de la morte-eau (1), le navire étant bien amarré sur une ancre de bossoir et un câble à terre, les provisions débar-

---

1. La *morte-eau* désigne l'époque à laquelle les marées sont les plus faibles.

quées en quantité suffisante, pour, en cas d'accident au navire, ce qui n'était pas improbable, soutenir toute troupe envoyée en exploration ; je fis partir le lieutenant Aldrich accompagné du capitaine Feilden de l'artillerie royale et du docteur Edward L. Moss. Ces trois messieurs devaient s'avancer en éclaireurs dans la direction du nord, tandis que le lieutenant Wyatt Rawson se dirigerait dans le sud. Ce dernier revint au bout de deux jours, n'ayant pu, à 3 milles du navire, franchir le cap qui forme l'entrée du chenal de Robeson. Les falaises à pic avaient arrêté sa marche par terre, en même temps que le mouvement continuel de la banquise, rompue en divers endroits, l'empêchait de passer par mer, même en canot.

La petite troupe aux ordres du lieutenant Aldrich revint au bout de quatre jours. Elle avait réussi à établir un dépôt de provisions et à explorer la côte sur un parcours de 20 milles dans la direction du N. O. La glace très-rugueuse, aussi bien qu'une épaisse couche de neige reposant sur un terrain boueux et collant, avaient rendu le voyage très-pénible ; au point que les trois traîneaux se rompirent, quoique n'étant qu'à moitié chargés.

La jeune glace qui recouvrait quelques rares fissures était trop perfide pour permettre aux lourds traîneaux de la traverser sans danger ; l'un d'eux passa au travers et ne put être sauvé qu'au prix de longs efforts.

Chenal praticable autour du cap Sheridan

Le 10 septembre, un vent violent soufflant de l'ouest et portant au large de la côte, combiné avec le courant du jusant, ouvrit pour la première fois depuis notre arrivée en cet endroit, entre la glace échouée et la banquise, un étroit chenal s'étendant à un mille et demi au delà du cap Sheridan, mais qui de là gagnait le large.

Le 11, ce même vent continuant, le chenal s'élargit jusqu'à avoir un mille de large en s'étendant à 6 milles dans la direction de l'ouest et finissant à 2 milles de terre. J'en profitai pour envoyer par mer le commandant Markham, fortement accompagné, disposer un abondant dépôt de provisions de voyage et de canots. Il nous fallut d'abord faire traverser aux canots, l'épaisse barrière de glace en dedans de laquelle le navire semblait gelé pour le reste de la saison.

Pas de terre au nord.

Le ciel étant parfaitement clair, nous pûmes, pour la première fois, nous prononcer en connaissance de cause, sur l'existence de la terre du nord aperçue par *le Polaris*.

Après un examen des plus consciencieux et une étude minutieuse des mouvements des taches sombres qu'on pouvait apercevoir au loin, je fus, quoique à mon grand regret, forcé de conclure qu'il n'existait aucune terre au nord, et cela jusqu'à une distance très-considérable. A travers une légère brume, la sombre réflexion du ciel dans les quelques étangs semés çà et là, dans la couche de glace, contraste vigoureusement avec la lumière réfléchie par cette dernière, semblable en cela à la lueur brillante que réfléchit une large plage de sable. Ces taches sombres, s'il y a du mirage, prennent l'apparence de terres éloignées, au point de tromper des yeux aussi avides et aussi anxieux que les nôtres l'étaient de découvrir un nouveau continent. Nous ne nous étonnâmes donc plus de l'erreur accidentelle des hommes de vigie du *Polaris*; mais ceux, qui à bord de ce navire, possédaient une plus grande expérience n'auraient pas dû se laisser tromper aussi promptement.

Pendant la journée du 13, le vent augmenta graduellement et, le 14, il soufflait un furieux coup de vent, tempête dans les grains. Ce coup de vent s'étendait évidemment sur tout le chenal de Kennedy, car la houle soulevée sur la partie de mer qu'il avait dégagée le long de la côte d'où soufflait le vent, contournant le cap Rawson, vint jusqu'à nous briser toute la glace légère de la saison et l'entraîner au large.

Les grosses îles de glace qui étaient échouées résistèrent seules, laissant entre elles des passages dégagés par lesquels nous aurions pu facilement passer s'il l'avait fallu; mais la banquise principale de l'ouest restait encore attachée à la terre à environ 6 milles du navire, malgré que le chenal conduisant au large et dont nous avons précédemment parlé, s'étendît à 10 ou 12 milles de nous.

Retour du commandant Markham.

Le navire avait l'arrière amarré à terre à l'aide d'un câble, l'un de ses flancs accolé à une île de glace contre laquelle la houle le faisait se heurter légèrement. Pendant qu'il ventait si furieusement et que la neige m'aveuglait, je réfléchissais aux misères de mes voyageurs n'ayant que leurs tentes pour abri par une tempête pareille, lorsque tout à coup je vis le commandant Markham arriver par le travers du bâtiment. Quoique nous ne fussions pas à plus de 120 mètres de terre, ce n'est qu'en mettant deux hommes à chaque aviron du grand canot que je pus, dans une accalmie, faire établir un va-et-vient (1) entre le navire et la terre, et communiquer ainsi avec lui. Un de ses hommes étant tombé d'épuisement, il s'était décidé à rallier le bord pour y chercher du secours. Avec l'aide des hommes frais qui armaient le grand canot, le commandant Markham et moi nous pûmes, à notre grande satisfaction, faire revenir à bord tous ceux qui accompagnaient les traîneaux. A minuit tout le monde était en sûreté et l'homme gelé hors de danger; mais l'équipage des traîneaux, qui avait si vaillamment supporté la tempête, était épuisé de fatigue et resta plusieurs jours sans faire de service.

Chenal à l'ouest. — Impossibilité de remettre l'hélice en place.

Le matin du 15, le vent mollit considérablement et le reste de la petite troupe du commandant Markham, aux ordres du lieutenant Parr, revint à bord ayant essuyé sous la tente la tempête de la veille et passé un fort vilain moment.

En faisant l'ascension de la colline qui me servait d'observatoire, je remarquai que la glace de l'ouest, entre la terre et le canal dans la banquise, avait dérivé du côté du large, nous laissant ainsi une route libre pour gagner un meilleur abri. Je fis immédiatement un signal convenu au navire, qui fut bientôt sous pression et remonta son gouvernail; mais en amenant l'hélice pour la remettre en place, nous ne pûmes réussir à l'engager sur l'arbre. Pendant que nous la remontions pour dégager la glace qui en obstruait le moyeu, une épaisse tempête de neige accompagnée d'une brume

(1) *Va-et-vient*. — corde qui, amarrée à bord, sert aux canots à communiquer plus facilement en se tirant dessus au lieu d'aller à l'aviron.

aveuglante vint nous enlever la vue de tout ce qui nous entourait et, par conséquent, nous empêcher d'appareiller. Il n'était pas encore minuit, que la tempête soufflait déjà aussi furieuse que la veille.

Enfermés dans la glace pour tout l'hiver.

Le matin du 16, la tempête maintenant encore la grande banquise au large de la côte, et le temps s'éclaircissant, nous fîmes un nouvel effort pour remettre notre hélice en place, effort qui resta sans succès par suite de la grande quantité de glace accumulée sur notre propulseur. Pendant que nous travaillions à le dégager, le vent sauta au N. O. et nous eûmes la mortification de voir la banquise se rapprocher de terre. A 2 heures d'après-midi elle avait rejoint la glace du rivage et du même coup nous emprisonnait pour tout l'hiver.

Depuis ce moment, la banquise ne quitta jamais la terre au N. O. de notre position, malgré qu'un large espace de mer libre restât à l'est, entre nous et le chenal de Robeson, et cela pendant tout le temps que le vent se maintint de l'ouest.

Je puis maintenant ajouter que l'examen que je fis plus tard de la côte ouest, et pendant l'automne et pendant le printemps suivant, me donna la ferme conviction que notre emprisonnement forcé pendant cette dernière tempête était des plus providentiels.

Il n'y avait pas, sur la côte, de baie assez ouverte pour y loger le navire, et, à l'entrée de toutes, la glace était bien trop épaisse pour essayer d'y frayer notre route par la force, avant que la grande banquise nous eût enserrés.

Une berge d'îles de glace est la meilleure protection sur la côte.

Au large de la côte ouverte où nous fûmes obligés de passer notre hiver, l'épaisseur de la glace constituait notre sécurité; échouant par des fonds de 21 mètres, il était impossible qu'elle fît aucune avarie au navire. Dans les premiers temps, je conçus quelque inquiétude et craignis de voir la glace légère entrer de force et faire courir au navire le danger d'être jeté à la côte; mais, comme toute la glace que nous voyions successivement apparaître avait le même caractère d'épaisseur que celle qui nous protégeait, je finis par me réconcilier avec notre position.

Le temps finit par me prouver que nous occupions le meilleur abri qu'on pût trouver sur la côte, avec cet avantage que nous aurions très-certainement la faculté d'en pouvoir sortir facilement.

En tout autre endroit, tantôt la plage trop accore et trop abrupte permettait à la glace épaisse de se rapprocher tout près du rivage, tantôt le manque d'eau laissait libre un espace considérable, inoccupé par les grosses glaces, et dans lequel de plus petits et de plus dangereux glaçons pouvaient venir en dérive avant de s'échouer, par la même profondeur que celle que demandait le navire pour être à flot.

Pendant la semaine qui suivit nous préparâmes les traîneaux pour les voyages d'automne; chaque homme se mit en outre à compléter son costume de voyage et à préparer son équipement.

Départ des voyageurs d'automne. — Arrivée à la latitude de 82° 48′ N.

Dès que la couche de glace qui recouvrait la terre

fut suffisamment consolidée par la gelée, le commandant Markham, accompagné des lieutenants Parr et May, placés sous ses ordres, partit le 25 septembre avec trois traîneaux pour établir un dépôt de provisions aussi loin que possible dans le nord-ouest. Le lieutenant de vaisseau P. Aldrich, avec deux traîneaux légers, était parti deux jours avant pour reconnaître la route contournant le cap Henry, route par laquelle je comptais acheminer une troupe plus nombreuse. Il revint à bord le 5 octobre après une absence de 13 jours. Cet officier, en compagnie du sous-officier de seconde classe Adam Ayles, fit l'ascension d'une montagne élevée de 600 mètres et située par 82°48′ de latitude nord, point un peu plus nord que celui que notre vaillant prédécesseur sir Edward Parry atteignit dans son célèbre voyage en canot vers le pôle nord. De là, le lieutenant Aldrich aperçut une terre s'étendant à 60 milles dans le N. O., jusque par 83°7′ de latitude nord; l'intérieur de cette terre du côté du sud était couvert de montagnes élevées. Dans la direction du nord, ils n'aperçurent aucune apparence de terre.

Retour des voyageurs.

Le 14 octobre, deux jours après que le soleil nous eût quittés pour bien longtemps, le commandant Markham et sa troupe revinrent après une absence de 19 jours. Au prix des efforts les plus ardus, ils avaient réussi à placer un dépôt de provisions par 82° 44′ nord et à déterminer le contour de la côte 2 milles plus nord, atteignant ainsi la latitude exacte où sir Edward Parry s'était arrêté.

Impossibilité de communiquer avec la « Discovery ».

J'étais très-désireux d'informer le capitaine Stephenson de notre position, et en même temps de lui faire connaître le côté favorable sous lequel se présentaient les excursions que ses voyageurs devaient faire le printemps prochain sur la côte du Groënland. Dans cet ordre d'idées, je fis partir le lieutenant Rawson pour essayer encore d'ouvrir une communication entre les deux bâtiments, quoique cependant je doutasse fort du succès. Cet officier resta absent du 2 au 12 octobre et revint sans avoir pu mettre mon projet à exécution. Le dernier jour, il fut arrêté à 9 milles du navire, par de la glace trop faible pour supporter les traîneaux. Les masses brisées de la glace comprimée adossées aux falaises, à une hauteur qui excédait quelquefois 10 mètres, et la neige accumulée en masses profondes dans les vallées, rendaient le voyage extrêmement lent et pénible.

Voyages en traîneaux pendant l'automne.

Ces voyages d'automne, accomplis par une température variant entre — 9°,5 et — 30°, furent on ne peut plus pénibles. Le travail incessant des hommes, les souffrances et les misères inséparables des expéditions arctiques dépassèrent la mesure habituelle. Les traîneaux circulaient avec peine sur une neige molle et humide, et dans d'autres endroits il fallait leur faire franchir les collines pour éviter une couche de glace trop faible ou d'immenses flaques d'eau ; le tout rendu plus difficile par des vents aussi violents que constants et par un brouillard épais.

Aussi, sur vingt et un hommes et trois officiers dont se composait la petite troupe opérant au nord, il ne nous revint pas moins de sept hommes et un officier gravement atteints de congélation des membres. Trois d'entre eux durent subir une amputation et les autres rester confinés dans leur lit pendant la plus grande partie de l'hiver.

Les traîneaux et leur charge passèrent quatre fois au travers de la glace qui se brisait sous eux, accident qui arrivait souvent aux hommes ; en ayant soin de les faire changer leurs vêtements complétement trempés on évitait ainsi les conséquences funestes d'un pareil bain.

Les congélations des membres doivent être entièrement attribuées à l'état boueux et humide de certaines parties de glace qu'il faut traverser. Une neige épaisse tombée pendant douze jours consécutifs avait formé un matelas légèrement comprimé, d'environ deux peids d'épaisseur et dans quelques endroits de plus du double là où le vent l'avait amoncelée en traînées sinueuses.

La glace légère, trop faible pour supporter ce poids additionnel, finissait par s'affaisser et laissait filtrer l'eau; cette dernière protégée par cette couverture de neige se maintenait liquide quoique la température fût de plus de 5° au-dessous de zéro. Aussi nos voyageurs très-inexpérimentés à cette époque, furent-ils rudement éprouvés par les congélations des membres inférieurs. Toutes les fois qu'ils avaient à faire passer leurs traîneaux sur de pareilles routes, leurs pieds se mouillaient et ensuite gelaient bien longtemps avant qu'ils en eussent conscience. Ce n'est que le soir, quand ils dressaient leurs tentes, qu'ils s'apercevaient du mal, mais ses progrès avaient été si rapides qu'il était tout à fait impossible de rétablir la circulation

La tente d'équipement elle-même se satura tellement d'humidité congelée qu'en arrivant à bord, elle pesait plus du double que dans l'état de sécheresse au moment du départ; tous devinrent si désireux d'éviter une nuit sans sommeil passée dans les sacs-couvertures durcis par la gelée, que le dernier jour, la troupe du Nord accomplit à travers la neige une marche forcée pour rejoindre le navire, marche pendant laquelle ses souffrances furent portées au paroxysme.

Nos voyageurs revinrent pleins de courage et d'ardeur. Rien n'avait pu abattre la patiente persévérance qu'ils avaient dû déployer pour vaincre tout obstacle s'opposant à leur marche en avant et la bonne humeur avec laquelle ils avaient supporté légèrement les mille souffrances du voyage.

L'usage nous démontra que les traîneaux étaient trop rigides : l'assemblage tournant des flèches nécessitait de fréquentes réparations, mais en enlevant les boulons métalliques et les remplaçant tout simplement par des lanières de cuir, les traîneaux supportèrent admirablement le surcroît de travail que nous leur imposâmes.

Pas un seul jour de son long voyage, la division du Nord ne rencontra la neige assez consistante pour y creuser une hutte capable de l'abriter pendant la nuit. Le lieutenant Rawson eut une seule fois la chance de rencontrer au sud une neige plus dure amoncelée dans une ravine, ce qui lui permit de construire une hutte.

Les résultats heureux de nos voyages d'automne, sans parler des dépôts de provisions pour l'avenir, furent d'abord : un gain considérable au point de vue de l'expérience des parcours en traîneaux, et ensuite la chance de ravir à sir Edward Parry et à ses compagnons l'honneur si vaillamment acquis par eux, d'avoir fait flotter le pavillon britannique par la latitude la plus élevée qu'on eût jamais atteinte, chance que nous dûmes à la bonne fortune de rencontrer une terre continue sur laquelle et près de laquelle il nous était possible de nous avancer en traîneaux. J'ai, sur la carte que je publie, et par la latitude qu'ils atteignirent en 1827, groupé les noms de sir Edward Parry et de ceux qui le suivaient

Préparations pour l'hivernage.

Dès que nos compagnies de voyageurs furent de retour, le soleil nous ayant fait ses derniers adieux, nous fîmes nos préparatifs pour passer l'hiver; le navire fut recouvert d'une tente épaisse de bout en bout, toutes les provisions, qui pouvaient, sans souffrir, endurer les intempéries de la saison et pour lesquelles nous ne pûmes pas trouver de place sous le premier pont furent déposées à terre en même temps que l'entrepont était dégagé le plus possible.

En couvrant avec soin les panneaux de la machine au moyen d'une épaisse couche de neige, le froid, pendant l'hiver, ne put pénétrer dans les parties basses du navire. La température des cales et de la chambre des machines se maintint au-dessus de —2°,5 sans pour cela qu'il fût besoin de faire du feu; cette température était du reste celle de l'eau environnante. Les pompes à incendie, dont les prises étaient à 1m,80 au-dessous de la flottaison, restèrent toujours prêtes à servir.

Hiver arctique.

Le long hiver arctique, avec ses rigueurs sans égales et son obscurité prolongée produite par 142 jours d'absence du soleil, se passa pour chaque personne du bord au milieu de la gaieté et de la satisfaction. Grâce à la routine de chaque jour, qui, quand on considère l'avenir, semble se substituer à la longue durée d'une existence monotone, le temps passait avec une rapidité extrême ; et, en janvier, quand les premières lueurs vinrent en augmentant le crépuscule de midi accroître sensiblement la durée de chaque jour, le bonheur de revoir la lumière fut à peine ressenti par aucun de nous. Ce ne fut qu'au 1er mars, quand le soleil fut de retour, que nous pûmes avoir conscience de l'obscurité complète éprouvée pendant si longtemps.

Nos hommes avaient tout leur temps bien rempli par les occupations si multiples de la vie du bord, et en plus trouvaient un exercice continuel dans l'entretien constant de la digue de neige dont nous nous étions entourés, et qui, reposant sur une glace échouée, se trouvait renversée à chaque grande marée. Cinq soirs par semaine, les matelots assistaient en grand nombre à l'école qui se faisait dans le faux pont sous la direction du commandant en second Markham et de plusieurs des officiers. Chaque jeudi était réservé à des conférences, à des chants en chœur, à des lectures et quelquefois à des représentations théâtrales ; le tout si bien combiné par le commandant Markham que la satiété ou la fatigue ne se firent jamais sentir pendant toute la durée de l'hiver.

Le docteur Thomas Colan et moi-même veillions avec le soin le plus scrupuleux à l'aérage du navire, et grâce au grand espace qu'on avait laissé libre au milieu, cette question d'hygiène ne laissait rien ou peu de chose à désirer. A une seule exception près, la santé de l'état-major et de l'équipage était excellente; la partie habitable du bâtiment était aussi sèche qu'on pouvait le désirer dans ces régions, et cela sans une dépense exagérée de combustible.

Préparatifs pour les voyages de Printemps.

En même temps que la nouvelle année nous arrivait, nous commencions nos préparatifs pour les voyages de printemps; dès qu'il y eut assez de jour, l'enseigne de vaisseau Le Clerc Egerton se mit à exercer les chiens quotidiennement.

Mouvement de la glace.

La banquise du large se maintint agitée jusques pendant la première semaine de novembre, époque à laquelle elle prit graduellement la position qu'elle devait occuper tout l'hiver. Le dernier espace de mer libre que nous pûmes constater fut aperçu le 16 novembre au large du cap Rawson à l'entrée du chenal de Robeson.

La glace resta parfaitement immobile pendant tout l'hiver, à l'exception d'une fissure que produisit la marée dans celle qui n'était pas échouée et qui s'ouvrit de $0^m,60$ à $0^m,90$ pendant les marées de syzygies.

Vents et Temps.

Quoique nous eussions des indices certains de vents violents soufflant dans le chenal de Robeson, le temps resta remarquablement calme à l'endroit de nos quartiers d'hiver; on pouvait, en vérité, dire que nous hivernions sur la côte d'un océan Pacifique. Le vent dominant soufflait de l'ouest, et constamment de terre; jamais nous ne ressentîmes de vents d'est. S'ils n'avaient été variés par des calmes, les vents persistants de l'ouest que nous éprouvions eussent pu être pris pour des vents alizés.

Notre exercice quotidien en dehors du navire, ne fut supprimé que pendant deux jours, par le vent et les tourbillons de neige qu'il poussait devant lui.

Le calme complet de l'atmosphère nous fit éprouver le froid le plus intense, qui ait été constaté dans les régions arctiques.

Température.

Au commencement de mars pendant un froid continu : —

L'Alert constata un minimum de 58°,7 au-dessous de zéro.

La Discovery à la même époque enregistrait — 56°,9.

En 1850, *le North Star*, à Wolscholme Sound, par 76°30′ de latitude nord, éprouva — 56°,4.

Pendant 24 heures *l'Alert* éprouva une température de — 56°,84.

La Discovery pendant le même espace de temps inscrivit — 55°.

Le docteur Kane à la baie de Rensselaer, par une latitude de 78°37′ nord en 1854 constata — 50°.

Avant tout cela, la plus grande durée d'un froid continu fut enregistrée par sir Edward Belcher dans le détroit de Northumberland en l'année 1853 et par une latitude de 76°52′ nord. Pendant 10 jours consécutifs, la température se maintint à — 44°,94.

La Discovery pendant 7 jours de suite vit son thermomètre à — 50°,09.

Pendant 13 jours, *l'Alert* constata 50°,5 et pendant 5 jours et 9 heures le thermomètre descendit à — 54°,6.

Le mercure resta gelé pendant quinze jours consécutifs du mois de février; un coup de vent du sud-ouest ramena un temps plus chaud qui dura 4 jours; mais dès que le vent tomba, le froid revint et le mercure resta gelé pendant une nouvelle période de 15 jours.

Chute d neige.

Après la chute considérable de neige qui avait eu lieu pendant l'automne dont nous avons parlé précédemment, il n'en tomba plus qu'une faible quantité; aussi éprouvâmes-nous beaucoup de peine à en avoir assez pour endiguer le navire, et il nous fallut en amener du rivage. Le peu qu'il en tomba et que j'estime à une couche de $0^m,15$ à $0^m,20$ fut balayé par le vent sur le sommet des montagnes de la côte, de sorte que ces sommets restèrent dégagés jusqu'au mois de mai et même jusqu'au commencement de juin, époque à laquelle la neige recommença à tomber, couvrant la terre d'une couche d'environ $0^m,30$ d'épaisseur.

Dans les vallées et sur les plages ouvertes à l'est, la neige tombée restait très-légère et, à moins qu'on n'eût une chaussure appropriée à cet usage, il était très-pénible d'y marcher. Au contraire, dans les vallées ouvertes au vent d'ouest et sur les plages sans abri, elle était assez compacte pour permettre de voyager facilement, semblable en cela à celle des latitudes sud, où la plus légère variation dans la direction du vent durcit partout la couche neigeuse.

Aurore boréale.

Nous aperçûmes quelques lueurs d'aurore boréale dans diverses directions, mais presque toujours au zénith. Aucune d'elles ne fut assez brillante pour être digne de remarque. Le phénomène était extrêmement insignifiant, et, autant que nous pûmes le constater, totalement étranger à toute espèce de trouble magnétique ou électrique.

Observations magnétiques.

Pendant l'hiver, le commandant Markham et le lieutenant de vaisseau Giffard firent, avec autant de zèle que de persévérance, leurs travaux sur le magnétisme, dans l'observatoire que nous avions établi à terre, et qui se composait d'une série de larges et spacieuses huttes de neige, reliées ensemble par une galerie couverte, bâtie aussi avec de la neige.

L'inclinaison était chaque semaine déterminée à l'aide du cercle de Barrow et l'intensité relative totale à l'aide des aiguilles de Lloyd. Ces observations furent quelquefois répétées deux fois par jour.

L'intensité horizontale absolue était observée une fois toutes les trois semaines, et des séries de la variation horaire de la déclinaison furent obtenues au moyen du magnétomètre portatif de déclinaison, et cela pendant plusieurs jours consécutifs de décembre, janvier et février.

En différents endroits, entre Disco et les quartiers d'hiver de *l'Alert*, toutes les fois que l'occasion s'en présenta, nous fîmes des observations d'inclinaison et de force totale à l'aide de l'instrument de M. Fox ; la déclinaison absolue fut aussi déterminée quand on le put.

Le lieutenant de vaisseau Pelham Aldrich dirigeait le service météorologique et les observations faites à l'aide du polariscope de Wheatstone ; malgré la rigueur de la saison, le lieutenant de vaisseau Parr obtint une bonne série d'observations astronomiques et aussi quelques observations au spectroscope et à l'électromètre portatif de sir William Thomson.

Je n'ai pas encore parlé des services du capitaine Fielden de l'artillerie royale, naturaliste de l'expédition; je préfère que son rapport sur les faits scientifiques nombreux qui ont appelé son attention émane complétement de lui : je me contente ici de constater que pas un instant n'a été perdu par ce collectionneur infatigable. Il a de plus, par son caractère enjoué et dévoué en toute occasion, su gagner l'affection de tous, et j'ai la confiance que Leurs Seigneuries apprécieront hautement ses services. Je ne fais que lui rendre justice en constatant qu'il a été pour l'expédition ce que fut Sabine pour celle que commandait sir Edward Parry. Le docteur Edward Moss, observateur plein de talent et d'habileté, outre qu'il se consacrait à ses devoirs de médecin, s'adonnait avec activité à diverses études scientifiques : la formation des iles de glace et des glaces flottantes, l'évaluation de la quantité de chlore, la mesure du poids spécifique par la méthode de Buchanon, et enfin l'étude au microscope des couches de poussière furent l'objet de ses minutieuses investigations.

De plus, son examen s'étendit à la mesure de l'acide carbonique et des vapeurs d'eau répandus dans l'air, à l'évaluation de la densité spécifique de l'eau de mer et de la quantité de chlore qu'elle contient. Il fit encore quelques expériences sur la fragilité du fer par de basses températures.

Gibier que nous pûmes nous procurer.

Le voisinage de nos quartiers d'hiver n'était guère aimé du gibier. A notre arrivée, nous aperçûmes quelques canards, dont cinq furent tués par nos chasseurs; pendant l'hiver et le printemps, trois lièvres vinrent s'ajouter à ce maigre gibier. Ce fut tout jusqu'à la fin de mai.

En mars, un loup fit une apparition inattendue; et le même jour nous vîmes les traces de trois bœufs musqués ou rennes à 2 milles de distance du navire; mais ils ne nous avaient évidemment fait qu'une visite en courant.

En juillet, trois rennes, les seuls que nous rencontrâmes dans le voisinage, furent encore tués par les chasseurs.

Nos troupes de voyageurs ne furent guère plus heureuses en fait de gibier. En juin, quelques coqs de bruyère, en sus de quelques oies et canards, furent tués et donnés aux malades. En juillet et août, ces derniers reçurent chaque jour une ration de viande fraîche.

En mars et au commencement d'avril, environ deux douzaines de coqs de bruyère passèrent près du navire en se dirigeant par couples au nord-ouest; comme toute la végétation du voisinage était couverte de neige, ils prirent leur vol vers des endroits plus fertiles, et finirent par être tous tués par ceux de nos hommes qui étaient dans le voisinage du cap Henry. Au milieu de mai, les canuts (1) et les bruants (2) firent leur apparition.

---

(1) *Canut*, oiseau du genre vanneau.

(2) *Bruant*, oiseau vert qui tient du pierrot.

Quelques-uns de ces derniers furent tués en juillet, mais nous ne trouvâmes ni œufs ni nids.

Au commencement de juin, des canards et des oies, en petites bandes d'environ une douzaine, passèrent près de nous en se dirigeant au nord-ouest; mais la neige qui, pendant 3 jours, tomba à gros flocons et couvrit la terre d'une couche plus épaisse que toutes celles que nous avions vues jusqu'alors, en fit retourner plus de la moitié au sud, un séjour aussi nord ne leur plaisant pas.

Pendant l'automne et l'été, nous réussîmes à pêcher deux douzaines de petites truites, qui ne purent s'échapper des lacs pour gagner la mer.

En résumé, voici la liste complète du gibier que *l'Alert* réussit à tuer dans le voisinage de ses quartiers d'hiver.

	BŒUFS A MUSC	LIÈVRES	OIES	CANARDS ROYAUX	EIDERS	CANARDS A LONGUE QUEUE	COQS DE BRUYÈRE	MORSES	VEAUX MARINS	RENARDS
Tués aux quartiers d'hiver.	6	7	67	12	»	9	»	»	1	3
Tués par les hommes accompagnant les traîneaux	»	13	3	5	»	»	10	»	»	»
TOTAL. . . .	6	20	70	17	»	9	10	»	1	3

Retour du soleil.

Le 1er mars, le soleil revint enfin dissiper les ténèbres qui nous environnaient depuis de si longs jours.

La saison des voyages en traîneau s'avançant à grands pas, je préparai les ordres du capitaine

Stephenson, pour le mettre à même d'employer toutes les forces dont il pouvait disposer à l'exploration de la côte voisine et de la côte nord du Groënland, au lieu d'envoyer une expédition pour communiquer avec le canal de Smith. Je pensais, en effet, que pendant cette saison une partie de nos hommes expédiée avec des traîneaux, dans le but d'atteindre ce dernier résultat, serait une perte bien inutile de nos moyens d'action. Cette expédition n'avait d'ailleurs d'autre but que de visiter l'île Littleton, où nous pouvions laisser quelque indice de notre passage; indice qui serait certainement recueilli par tout navire envoyé par les lords de l'Amirauté pour prendre de nos nouvelles. Dès lors que rien n'indiquait que nous eussions visité cette île, il était clair que l'expédition était en bonne position, bien au loin dans le nord, et que tout marchait bien.

Départ des traîneaux à chiens pour communiquer avec le bâtiment de Sa Majesté Britannique « la Discovery. »

Le départ des traîneaux à chiens avait été fixé au 4 mars. Nous devions ainsi ouvrir une communication avec *la Discovery*, si le temps avait été favorable; mais le froid intense que nous éprouvâmes à cette époque vint arrêter nos projets. La température se maintint exceptionnellement basse jusqu'au 12 mars, époque à laquelle elle se releva jusqu'à — 37°, le temps au beau fixe. Je fis alors partir l'enseigne de vaisseau Le Clerc Egerton, chargé des traîneaux à chiens. Il emmenait avec lui l'interprète Christian Petersen et le lieutenant de vaisseau Wyatt Rawson de *la Discovery*. Ce dernier devait s'entendre avec le capitaine Stephenson au sujet de l'exploration de la côte du Groënland.

Ce voyage devant être fait dans de dures conditions, je ne jugeai pas que l'Esquimau Frédérick, chargé de conduire les chiens, fût d'une santé assez forte pour résister aux fatigues que nos voyageurs devaient éprouver. Aussi je le gardai à bord, à son grand regret. Le pauvre homme était tout triste de ne pouvoir partir avec ses chiens, qu'il avait soignés tout l'hiver avec une grande sollicitude.

Le jour du départ arrivé, l'expédition partit, aux joyeux aboiements des chiens, qui ne se sentaient pas de joie d'être enfin mis en liberté et surtout de revoir le soleil, dont la longue absence les avait plus attristés que nous. Ils jetaient sur Frédérick de longs regards pleins d'intelligence, et paraissaient avoir autant de regret de partir sans lui que lui de rester sans eux.

Quatre jours après le départ de Le Clerc Egerton, le temps s'était considérablement radouci, sous l'influence d'une forte brise du sud. J'étais donc plein d'espoir dans le succès de nos voyageurs, quand nous entendîmes, à quelque distance du bord, les aboiements de nos chiens, aboiements que l'oreille de Frédérick perçut bien avant nous.

Notre petite troupe revenait à bord, arrêtée dès le début de son voyage par l'état de Petersen, atteint d'une maladie dont les symptômes étaient des plus graves. Le second jour de marche, notre malheureux interprète avait été pris de crampes d'estomac, sans que rien pût parvenir à le réchauffer.

La tente qui servait d'abri ne pouvait en rien le garantir du froid ; aussi les deux officiers se décidèrent-ils à creuser un trou dans la neige, trou dont ils firent une hutte dans laquelle ils réussirent à faire monter la température intérieure à — 14°. Leur malade n'en resta pas moins dans une position alarmante, et ce n'est qu'en se dépouillant de leurs propres vêtements et en s'exposant eux-mêmes à toutes les rigueurs du froid qu'ils réussirent, après bien des efforts, à rétablir imparfaitement la circulation aux extrémités du patient. Ils passèrent ainsi un jour et une nuit dans de cruelles angoisses, exposés eux-mêmes à la congélation et continuellement penchés sur la couche de Petersen, dont l'état ne s'améliorait pas d'une façon sensible. C'est alors qu'ils prirent la sage résolution de le ramener immédiatement à bord.

Pendant ce voyage de 16 milles, M. Le Clerc Egerton et le lieutenant Rawson se conduisirent de la façon la plus héroïque. Quoique souffrants cruellement eux-mêmes de congélation partielle, ils réussirent à conserver la vie de leur malade jusqu'à leur retour à bord. Le pauvre Petersen avait les deux pieds complétement gelés, et force fut de l'amputer à l'hôpital du bord. En dépit des soins incessants et de l'habileté professionnelle du docteur Colan, il ne put jamais se rétablir de l'effroyable secousse que reçut tout son organisme et, trois mois après, nous eûmes la douleur de voir ce vaillant garçon périr d'anémie.

La mort de Petersen nous éprouva cruellement; nous perdions en lui un excellent interprète et un pratique consommé de la côte du Groënland. Les services qu'il avait rendus dans l'expédition de Mac-Clintock avaient été récompensés par la croix du Dannebrog, dont son souverain l'avait jugé digne. J'ai la ferme espérance que le gouvernement de S. M. Britannique saura, par une pension, subvenir aux besoins de la femme et de la petite famille qu'il a laissées derrière lui à Copenhague.

Deuxième départ des traîneaux à chiens pour communiquer avec « la Discovery ».

Le 20 mars, M. Le Clerc Egerton et le lieutenant Rawson étaient à peu près remis des fatigues excessives qu'ils avaient éprouvées en prodiguant leurs soins à Petersen. Je les fis donc repartir et, cette fois, en compagnie de deux matelots, avec la mission de communiquer avec *la Discovery* s'ils le pouvaient. Ils nous quittèrent par un beau temps et une température de — 34°. Six jours après, ils atteignaient le but de leur voyage, pendant lequel ils avaient, au prix de mille peines, escaladé la glace raboteuse du chenal de Robeson et les pentes abruptes que la neige amoncelée avait formées au pied des falaises escarpées. A l'exception de la crevasse que les marées avaient ouverte le long de la côte, ils n'aperçurent aucune trace de mer libre. La température pendant leur voyage se maintint entre — 41° et — 31°.

Préparatifs pour les voyages du printemps.

Pendant la dernière quinzaine de mars, les hommes destinés à armer les traîneaux furent employés à préparer leurs provisions et l'équipement nécessaire aux voyages de printemps. Je les fis entraîner peu à peu par de longues marches et par des exercices soutenus. Avant le départ définitif, je fis aussi établir un dépôt de provisions à quelques milles au sud, destiné à la division chargée d'explorer la côte du Groënland.

Le 3 avril, les sept traîneaux et leur armement, se composant de cinquante-trois officiers et matelots, vinrent se ranger sur la glace près *l'Alert*. Notre chapelain récita la prière, que jamais troupe de marins n'écouta avec plus de recueillement et d'émotion ; après quoi tous partirent en saluant de trois hurrahs le pavillon britannique. Ce n'est pas sans orgueil que je passai en revue ces hommes d'élite, formant une troupe dont la mâle vigueur n'avait jamais été surpassée par l'armement des traîneaux des expéditions précédentes. Il était impossible de voir de plus beaux hommes que ceux qui composaient les trois petites compagnies chargées des explorations lointaines. Chacun d'eux respirait la santé la plus florissante et tous, quoiqu'ils connussent parfaitement les cruelles épreuves et les fatigues excessives qu'ils allaient avoir à souffrir, partirent pleins d'entrain et décidés à accomplir leur devoir jusqu'au bout. Je remis au commandant Albert Markham les couleurs d'Angleterre, avec mission de frayer sa route le plus au nord possible, en marchant sur la glace. Cet officier supérieur était accompagné du lieutenant de vaisseau Parr, qui avait à sa disposition deux canots équipés pour une absence de 70 jours. Ces deux canots étaient placés sur les traîneaux qui devaient partir des terres du cap Henry pour piquer droit au nord.

Trois autres équipages de traîneaux partirent sous le commandement du docteur Moss, qui voulut bien, outre ses devoirs de médecin, assumer encore ceux de commandant d'expédition. Il avait pour compagnon M. George White, mécanicien, qui partit aussi comme volontaire. Ces trois traîneaux devaient accompagner ceux du commandant Markham, aussi loin que leurs provisions le permettraient. Le lieutenant Pelham Aldrich, secondé par un équipage de traîneau sous les ordres du lieutenant Giffard, devait explorer la côte de la terre de Grant au nord et à l'ouest, dans la partie qu'il avait découverte l'automne précédent.

Difficultés probables dans la route du nord.

En me reportant à la première des explorations que nous venions d'entreprendre, c'est-à-dire celle qui devait se diriger au nord en cheminant sur la glace, mon devoir envers celui qui la commandait et ceux qui le suivaient m'oblige à déclarer que j'avais bien peu d'espoir qu'ils pussent atteindre une latitude élevée. Je savais, en effet, qu'ils auraient à voyager sur une route tellement raboteuse que leurs progrès quotidiens devaient être bien faibles, quel que fût d'ailleurs le poids des traîneaux qu'ils auraient à conduire.

Je pensai cependant qu'il valait encore mieux faire l'expérience, pour établir si l'on pouvait, oui ou non, atteindre le pôle en passant directement sur la glace, sans avoir une terre continue sur laquelle on pût s'avancer.

Avec des chefs aussi déterminés et énergiques que l'étaient le commandant Markham et le lieutenant Parr, secondés eux-mêmes par l'élite des matelots du bord, je n'avais pas à hésiter. Aussi, est-ce plein de confiance que je les fis partir, assuré que j'étais qu'ils ne reculeraient devant aucun obstacle à la hauteur des forces humaines. En organisant cette expédition, je ne savais d'ailleurs rien au sujet des glaces qui avoisinent le pôle, et je craignais même qu'au large elles ne fussent en mouvement.

Dans cette hypothèse, je résolus de faire accompagner les traîneaux par des canots suffisamment grands pour supporter une traversée en mer, au lieu de canots légers, destinés seulement à franchir les canaux étroits provenant de la fissure des glaces.

Le petit corps expéditionnaire devait ainsi emporter une lourde charge de provisions : car de notre vigie élevée, par un temps clair, nous avions acquis la certitude qu'il n'existait pas de terre à 50 milles de distance du cap Henry.

Une troupe chargée de traîner des canots portés sur des traîneaux, lors même que ces canots ne contiennent que quelques jours de vivres et cheminent sur une glace unie, doit faire chaque jour le double du chemin : un premier voyage pour porter les canots et un second pour les provisions. C'est de cette manière que sir John Parry dut voyager en 1827. Je fus donc obligé de m'en tenir à l'extrême limite de ce qui pouvait être transporté en deux voyages sur une glace de niveau, et mes voyageurs se trouvèrent ainsi approvisionnés pour 63 jours. Le mode d'exploration qui consiste à réduire autant que possible la charge de la troupe avancée, en la faisant suivre d'une chaîne de traîneaux de support, ne saurait être employé, alors que chacun de ces traîneaux d'aide doit lui-même porter un canot capable de recevoir tout son équipage, en cas de rupture des glaces.

Retour du traîneau à chiens expédié à la recherche de « la Discovery ».

Le jour qui suivit le départ des compagnies d'exploration dont je viens de parler, M. Egerton et le lieutenant Rawson revinrent de *la Discovery*, après un voyage fatigant, pendant lequel la température varia de — 42° à — 26°. Malgré cela, tout le monde revint de bonne humeur et dans d'excellentes dispositions.

A part quelques nez ou quelques doigts gelés que le séjour à bord devait bientôt guérir, chacun se trouva bien de cette excursion.

Les nouvelles de *la Discovery* étaient excellentes. Une seule chose venait altérer la satisfaction que chacun éprouvait à bord de ce dernier bâtiment : un des hommes de l'équipage était gravement atteint par le scorbut, quoique les chasseurs eussent tué 30 bœufs à musc, qui fournirent une ample provision de viande fraîche.

A cela près, les matelots de *la Discovery* avaient passé très-confortablement leur hiver. Le capitaine Stephenson, au rapport duquel j'ai l'honneur de vous renvoyer pour plus amples détails, maintint l'armement de son bâtiment dans une activité constante, par toutes les occupations que pouvait comporter la vie du bord. La santé générale se trouva bien des fréquentes distributions de viande fraîche, en même temps que le moral et la bonne humeur se soutinrent vivaces, par un emploi judicieux des aptitudes de chacun dans la tâche générale de distraire le bord. Au moment où nos voyageurs quittèrent le capitaine Stephenson, son équipage préparait activement tout ce qui était nécessaire à l'exploration de la baie de Lady Franklin et de la côte du Groënland.

Retour du premier traîneau auxiliaire.

Le 8 avril, le premier traîneau auxiliaire revint nous apporter des nouvelles du commandant Markham et du lieutenant de vaisseau Aldrich.

Comme toujours, pendant ce premier voyage, plusieurs des hommes eurent à souffrir cruellement de l'excès de fatigue que des nuits passées sans sommeil venaient aggraver encore. Il leur fallut quelque temps avant de s'accoutumer au froid intense dont le séjour à bord les avait en partie garantis pendant l'hiver.

Le traîneau auxiliaire nous ramena un des hommes de Markham. Ce marin, souffrant déjà pendant tout le mois qui avait précédé son départ, ne pouvait supporter les fatigues d'un voyage d'exploration. En outre, un des matelots composant l'armement du traîneau précité nous revint atteint de congélation des membres, le seul cas sérieux de toute la saison, quoique pendant 2 jours, sur les 6 qu'ils passèrent dehors, nos voyageurs eussent enregistré une température de — 43°,3.

Le 10 avril, le lieutenant de vaisseau Wyatt Rawson et l'enseigne de vaisseau Le Clerc Egerton étaient à peu près remis des fatigues atroces qu'ils avaient éprouvées pendant leur voyage à bord de *la Discovery*. Je les fis donc repartir avec de légers traîneaux, pour s'assurer de la nature de la glace du chenal de Robeson, et indiquer la route que pourraient suivre les lourds traîneaux qui devaient nous arriver du nord, sous le commandement du lieutenant de vaisseau Lewis Beaumont de *la Discovery*.

Le 14 avril, le second traîneau de soutien de la division Markham revint à bord, nous annonçant qu'il avait quitté le gros de l'expédition en bonne voie et tranquillement à l'œuvre. A l'exception d'un soldat de marine, souffrant d'une faiblesse générale, et qu'ils nous ramenèrent à bord, tous nos hommes allaient bien et étaient de la meilleure humeur possible. La température s'était heureusement élevée à — 33°; mais aux débuts le froid intense avait sévèrement éprouvé la petite troupe et déterminé plusieurs cas de congélation, qui, sans les soins éclairés du docteur Moss, seraient devenus très-graves. L'aspect de la glace à 6 milles de terre n'était rien moins qu'encourageant pour la division destinée à s'avancer au nord ; mais le commandant Markham espérait que plus loin les glaçons seraient plus étendus et présenteraient une surface moins cahotante, à mesure qu'il marcherait en avant.

Les hommes préfèrent le thé à l'eau-de-vie.

Chaque traîneau emportait une double ration de thé, pour remplacer la distribution réglementaire d'eau-de-vie qui leur était faite à midi. Les hommes et les officiers approuvèrent unanimement ce changement et prirent volontiers leur parti de rester immobiles, les pieds gelés, pendant les longues haltes nécesaires pour faire bouillir de l'eau. Ils trouvaient une ample compensation dans le bien-être qu'ils ressentaient après avoir pris leur thé, et tous convenaient qu'ils travaillaient avec plus d'ardeur après leur *lunch* (1) au thé que pendant la matinée (2).

La division des traîneaux du Groënland arrive venant du navire de S. M. B. « Discovery ».

Le 16, nous fûmes agréablement surpris en voyant arriver le lieutenant de vaisseau Lewis et le docteur Coppinger. Ils avaient quitté *la Discovery* dix jours avant et venaient de parcourir 76 milles avec de légers traîneaux. La glace du chenal de Robeson était si rabo-

---

(1) *Lunch*, repas de midi.

(2) A bord des navires baleiniers qui font la pêche dans les mers polaires, les hommes qui arment les embarcations destinées à piquer la baleine ne peuvent être soutenus qu'à force de thé, dont on leur fait d'amples distributions.

teuse et si heurtée qu'ils avaient été considérablement retardés dans leur marche.

J'appris, avec grande satisfaction, qu'ils avaient trouvé la glace du bassin de Hall favorable à la marche et offrant toute espèce de facilité pour traverser. Le dépôt de provisions de la baie Polaris était dans de bonnes conditions et tout prêt en cas de besoin. Tous ces renseignements m'engagèrent à renvoyer le lieutenant Beaumont sur la côte du Groënland. Je lui donnai l'ordre de partir avec des traîneaux légèrement chargés et de s'avancer le plus possible dans l'est. Une fois son voyage achevé, il devait se rabattre sur le dépôt de la baie Polaris, et cela avant le 15 juin, époque à laquelle deux canots de *la Discovery* devaient être transportés à travers le détroit, pour assurer sa retraite dans le cas de rupture de la glace.

Le 18, le lieutenant Rawson et M. Le Clerc Egerton revinrent, après avoir réussi à traverser le chenal de Robeson, sans avoir rencontré d'autres difficultés que celles que leur opposaient les nombreux monticules de glace, difficultés auxquelles ils étaient maintenant habitués. Ils avaient abordé la côte du Groënland, au nord de la position assignée au havre de la Repulse. Ce havre n'est qu'une légère anfractuosité de la côte, en dedans de laquelle existe un lac d'eau douce, lequel, vu de terre, peut facilement être confondu avec une rade.

Le 20, j'expédiai le lieutenant Beaumont en compagnie du lieutenant Rawson et du docteur Coppinger. Ainsi que nous en étions convenus, ces messieurs devaient explorer la côte du Groënland. Les quelques jours de repos qu'ils avaient pu prendre à bord de *l'Alert* avaient largement reposé leurs hommes, qui étaient partis de *la Discovery* sans aucune expérience des voyages en traîneau dans les régions arctiques ; ce dernier bâtiment n'ayant pas fait d'excursions d'automne, à cause de la glace qui était restée en mouvement jusqu'à une époque très-avancée de la saison.

Le 23 avril, le capitaine Stephenson et M. Thomas Mitchell, aide-commissaire de *la Discovery*, arrivèrent à bord. Leur arrivée me procura l'avantage de pouvoir causer longuement avec le premier de ces messieurs et de le consulter sur l'avenir de nos nombreux voyageurs dispersés sur toutes les côtes d'alentour, les navires n'étant plus gardés que par des officiers et quelques malades. Nous prîmes ensemble les dispositions nécessaires pour explorer le fiord de Petermann, et, dans le cas où la saison se serait montrée favorable, nous convînmes d'examiner le cap de glace situé au sud de la baie de Bessel.

Le 30 avril, je me séparai du capitaine Stephenson qui repartit pour *la Discovery*.

Jusqu'à la fin de mai, les traîneaux firent un continuel va-et-vient, emmenant à chaque fois des provisions pour établir des dépôts destinés aux expéditions lointaines, pendant leur voyage de retour. Le docteur Moss continua à commander l'un des traîneaux auxiliaires, et le brave médecin profitait de toutes ces excursions pour enrichir ses collections scientifiques.

Le 3 mai, le lieutenant de vaisseau Giffard vint nous apporter des nouvelles d'Aldrich, qu'il avait quitté le 25 avril, le vingt-deuxième jour de son absence du bord. Il m'annonça que tous les hommes qui accompagnaient cet officier étaient en bonne santé et pleins d'ardeur, malgré la lenteur de leur marche et les rudes labeurs que leur imposait une couche de neige molle.

L'expédition s'annonce sous de favorables auspices.

Jusque-là tout marchait bien. Les deux navires s'étaient avancés au nord autant qu'il était possible, et se trouvaient admirablement placés pour explorer et fournir un asile aux petites troupes expéditionnaires. Les équipages des traîneaux, composés d'hommes pleins de force et de santé, avaient commencé leurs voyages dans des circonstances aussi favorables que possible.

Le scorbut éclate.

Le 3 mai, le docteur Colan vint m'annoncer que cinq hommes présentaient des symptômes de scorbut. Cependant, comme chacun de ces malades avait quelque infirmité prédisposante, je ne m'alarmais pas trop, lorsque, le 8 mai, trois quartiers-maîtres glaciers et deux gabiers, à leur retour du service des traîneaux, furent atteints de cette terrible maladie. Le 8 juin, quatorze hommes de l'équipage de *l'Alert* et trois hommes de *la Discovery* qui se trouvaient avec nous, composant en fait la majorité des marins présents à bord, furent obligés de se confier aux soins du docteur, atteints qu'ils étaient par ce redoutable fléau. Pour comble de désolation, je recevais en même temps une lettre du capitaine Stephenson, m'annonçant que quatre hommes de son équipage venaient aussi d'être attaqués par le mal.

Quoique beaucoup des équipages de traîneaux employés dans les expéditions arctiques précédentes eussent été victimes du scorbut, quelques-uns cependant y avaient complètement échappé. Rien n'avait été épargné dans l'armement et dans l'approvisionnement de nos navires pour nous mettre à l'abri de ce sinistre visiteur; je fus donc vivement frappé par son apparition aussi inexplicable qu'inattendue.

Cependant, en relisant les rapports des expéditions précédentes, j'y trouvai de bonnes raisons pour reprendre espoir. Au dire de mes devanciers, toutes les attaques de scorbut avaient été habituellement passagères, les malades s'étaient promptement remis sous la bienfaisante influence de l'été et d'un régime plus fortifiant.

Nouvelles de la division du Groënland.

Le 9 mai, je reçus des nouvelles de l'expédition aux ordres du lieutenant Beaumont, qui se trouvait à 2 milles du cap Stanton. Ces nouvelles, dont la date était le 4 mai, me furent apportées par le lieutenant May et M. Egerton à leur retour du Groënland où ils avaient été porter des vivres et des rechanges. Ces deux officiers avaient réussi à découvrir une route praticable par terre, à l'est du cap Brevort et très-convenable pour le retour des traîneaux, dans le cas où la glace viendrait à se rompre.

A partir de l'endroit où Egerton et May traversèrent le détroit, ils avaient, presque jusqu'au cap Stanton, rencontré une côte composée soit de falaises escarpées, soit de pentes neigeuses très-rapides, dont la base reçoit de plein fouet le choc de la banquise du nord, qui, en dérivant du nord-ouest, vient frapper cette partie de la côte presque à angle droit. Des îles de glace, de taille gigantesque, étaient accumulées l'une sur l'autre contre le rivage abrupt; le chaos au large était quelque chose d'indescriptible et le voyage le long d'une pareille côte était tout ce que l'on peut imaginer de plus pénible. Il fallut 7 jours pour avancer de 20 milles!

Personne ne pouvait assurer qu'une semblable route,

ne deviendrait pas impraticable par suite de la rupture de la glace survenant en mai, ainsi que cela eut lieu en 1872; aussi le lieutenant Beaumont prit-il la sage résolution de laisser un dépôt de provisions suffisant pour subvenir aux besoins d'un retour effectué par la voie de terre; mais, par suite, son voyage se trouva considérablement écourté.

Presque tous les vents de sud-ouest que nous ressentions à Floeberg Beach (1) tournaient au nord-ouest avant de cesser de souffler; aussi la côte du Groënland, au nord du cap Brevort, est-elle aussi inhospitalières au point de vue de la pression qu'elle reçoit des glaces poussées par ces vents, que dangereuse pour les navigateurs.

Un navire qui se laisserait prendre par la banquise au large de cette côte, s'il n'était pas immédiatement écrasé d'un seul coup, courrait les plus grands risques d'être entraîné à l'est, le long de la côte nord, ainsi que l'a fait remarquer l'amiral sir George Back.

Pendant la première semaine de mai, la température s'étant élevée jusqu'à — 17°, il me fut possible de faire enlever la neige qui recouvrait les claires-voies et les hublots (2) et de laisser ainsi pénétrer le jour

---

(1) *Floe berg beach*, littéralement la plage de l'île de glace. Nares désigne ainsi l'endroit où *l'Alert* était amarré, endroit auquel il était bien difficile de donner un autre nom, puisque son bâtiment était en plein chenal, n'ayant d'autre abri que celui que lui procuraient les îles de glace échouées et reliées entre elles par la glace plus légère de la saison.

(2) *Hublots*, trous percés dans la carène ou dans les ponts et destinés à éclairer et aérer l'intérieur du navire. Ces orifices sont fermés par un verre lenticulaire, assez épais pour supporter un choc violent sans être brisés.

entre les ponts; cependant le faux pont (1), n'ayant pas de claire-voie, resta encore dans l'obscurité. Je ferai remarquer, à ce sujet, de quelle importance il serait, si cela est possible, que les navires destinés aux explorations arctiques fussent pourvus d'un large panneau vitré au-dessus du faux pont, dans lequel l'équipage passe presque tout son temps.

Le 24 mai, j'eus la satisfaction de recevoir à bord le lieutenant Giffard, revenant d'établir le dernier dépôt de vivres destinés au lieutenant Pelham Aldrich. Cette importante mission avait été remplie avec autant de promptitude que d'habileté par le chef et par les hommes qui servaient sous ses ordres; malheureusement deux d'entre eux, malades du scorbut, furent obligés de réclamer les soins du docteur Colan.

C'est pendant le voyage du lieutenant Giffard que ces matelots contractèrent leur mal; mais il ne pouvait être question de les ramener à bord immédiatement, étant donnée l'importance d'arriver à temps pour établir le dépôt destiné à Aldrich. Force fut donc de les laisser pendant cinq jours dans une hutte de neige, ces malheureux se soignant mutuellement du mieux qu'ils pouvaient, jusqu'à ce que la troupe dont ils faisaient partie pût venir les reprendre.

En cette occasion, je dois approuver complétement la conduite du lieutenant Giffard, qui, dans cette occasion, se montra plein de jugement, de décision et de tact. Les deux malades guérirent du reste avant que le navire ne quittât ses quartiers d'hiver. Le 1er juin,

(1) Le *faux pont* est immédiatement au-dessous du pont de la batterie de combat. A bord des navires anglais, les matelots s'y tiennent presque toujours, quand ils ne sont pas employés au service du bord.

M. Crawford Conybeare vint nous apporter des nouvelles de *la Discovery*, jusqu'à la date du 22 mai. Le lieutenant Archer avait complété son examen de la coupure existant dans les terres situées à l'ouest de la baie de Lady Franklin, coupure qui n'est qu'un fiord profond, se terminant au milieu de terres montagneuses, dont les vallées de l'intérieur sont encombrées de glaciers.

Le lieutenant Fulford, accompagné des hommes que le lieutenant Archer avait ramenés, avait transporté à travers le bassin de Hall deux canots, destinés à faciliter le retour du lieutenant Beaumont, qui ne devait revenir qu'à une époque très-avancée de la saison. Le capitaine Stephenson et M. Henry Hart, naturaliste, accompagnèrent cette expédition jusqu'à la baie Polaris, où elle arriva le 12 mai. Le lendemain, le pavillon américain fut hissé à un mât planté dans le sol, et une tablette de bronze que nous avions apportée d'Angleterre, scellée au pied de la tombe du capitaine Hall. Cette cérémonie s'accomplit avec tout le recueillement et la solennité qu'elle comportait.

Voici l'inscription gravée sur la plaque de bronze :

A LA MÉMOIRE

DU

Capitaine C. F. HALL

du navire *Polaris*, de la marine des États-Unis,

MORT LE 8 NOVEMBRE 1871

sacrifiant sa vie à l'intérêt de la science.

Cette tablette a été placée en 1875, par l'expédition anglaise au pôle Nord. En suivant ses traces, elle a profité de son expérience.

Cairns polaires et visite au canot en dépôt à la baie de Newman.

En revenant de son voyage avec le lieutenant Beaumont, le docteur Coppinger avait visité le cairn établi par le capitaine Hall au cap Brevort, ainsi que le canot que l'expédition du *Polaris* avait laissé en dépôt à la baie de Newman.

Tous les objets présentant quelque intérêt de souvenir historique furent transportés à bord de *la Discovery*. A l'exception de quelques bordages crevés, le canot pouvait encore rendre de bons services.

Le capitaine Stephenson s'en retourna le 18 mai, à bord de *la Discovery*, laissant le lieutenant Fulford et le docteur Coppinger sur la côte du Groënland, pour explorer le fiord de Petermann.

M. Crawford Conybeare m'ayant annoncé qu'il serait bientôt impossible de voyager le long de la côte du chenal de Robeson, par suite de l'instabilité de la glace attenant au rivage, je gardai ses hommes à bord de *l'Alert*.

Traîneaux de la division du Nord.

Le soir du 8 juin, nous fûmes surpris par l'arrivée à bord du lieutenant de vaisseau Parr, qui nous apportait la triste nouvelle de l'invasion du scorbut parmi les hommes qui armaient les traîneaux de la division du Nord et demandait un secours immédiat.

Le commandant Markham, aidé de quelques hommes encore debout, avait réussi à conduire ses malades dans les environs du cap Henry, à 30 milles du navire; mais chaque jour qui s'écoulait voyait s'accroître l'intensité du mal et le nombre des invalides. Les forces de ceux qui pouvaient encore travailler diminuaient à mesure que s'augmentait le poids du fardeau qu'il fallait traîner sur la glace.

Dans d'aussi tristes circonstances, le lieutenant Parr, avec sa bravoure habituelle et plein de confiance en ses forces, s'offrit comme volontaire pour venir m'informer de ce triste état de choses et demander l'aide que réclamaient ses compagnons. Il partit le bâton ferré à la main, n'emportant que quelques provisions, et marcha pendant 24 heures, accomplissant son long et solitaire voyage sur une glace raboteuse que recouvrait une épaisse couche de neige nouvellement tombée.

Nous prîmes immédiatement les dispositions nécessaires pour aller au secours du commandant Markham, et, grâce au concours de mes officiers qui firent avec empressement l'offre de s'atteler aux traîneaux, je fus à même de partir à minuit, accompagné de MM. Le Clerc Egerton, Conybeare, Wootton et White. Ces officiers, qui étaient ceux que je pouvais, avec le moins d'inconvénient, distraire du service du bord, prirent leurs places sur les traits de nos traîneaux, pendant que le lieutenant May et le docteur Moss nous précédaient avec le traîneau à chiens, chargé des médicaments dont nous devions avoir besoin.

Une marche forcée permit à ces deux officiers, ainsi qu'au gabier James Self, d'arriver au campement du commandant Markham, 50 heures après le départ du lieutenant Parr. Malgré cela, ils arrivèrent trop tard pour sauver la vie du soldat Georges Porter, de l'artillerie royale, mort quelques heures avant les secours qu'on lui apportait; il fut enterré dans la glace flottante. Quoi qu'il en soit, leur venue produisit le plus consolant effet sur la petite troupe si cruellement frappée qui n'en continuait pas moins sa route du mieux qu'elle pouvait. Je la rejoignis moi-même dans la matinée du lendemain, et l'arrivée de ce secours rétablit complétement la confiance et l'espoir, qui n'avaient, du reste, jamais abandonné ces hommes aussi calmes que résolus. Les malades eux-mêmes virent disparaître l'abattement et la nostalgie que détermine toujours ce mal insidieux et que la mort de leur camarade avait largement contribué à augmenter.

Grâce à l'habileté et aux soins incessants du docteur Moss et au secours apporté par le traîneau à chiens que conduisaient le lieutenant May et le gabier James Self, qui, tous deux, malgré leur besoin de repos, restèrent debout nuit et jour, nous eûmes le bonheur de pouvoir rejoindre *l'Alert* sans avoir à déplorer la perte d'aucun autre malade.

A notre retour à bord, nous adressâmes à Dieu une prière générale pour le remercier d'avoir épargné la vie des survivants et d'avoir, dans sa sollicitude incessante, permis qu'ils fussent confiés aux soins d'un médecin aussi habile que l'était le docteur Colan, médecin en chef de la division.

Sur les dix-sept hommes qui, au départ composaient la troupe expéditionnaire, cinq seulement, deux officiers et trois hommes; John Radmore, second maître charpentier; Thomas Jolliffe, sous-officier de 1re classe, et le gabier William Maskel, pouvaient s'atteler aux traîneaux. Trois autres : Edward Lawrence, chef de la grand'hune; George Winston, gabier, et Daniel Harley, chef de la hune de misaine, déployant une mâle énergie, purent rester sur pied jusqu'à la fin. Plutôt que de monter sur les traîneaux et d'augmenter encore le poids que leurs compagnons affaiblis avaient à traîner, ils préférèrent se soumettre à une fatigue et à une souffrance telles qu'ils ne purent arriver jusqu'à bord sans être aidés. Les huit hommes restant luttèrent tant qu'ils purent; mais, vaincus par le mal, ils durent se résigner à se laisser porter par les traîneaux.

En résumé, il n'y eut que les deux officiers qui échappèrent au scorbut. Après quelques jours de repos et de soins, le charpentier Radmore put reprendre son service et trois autres hommes furent assez bien portants pour être à même de soigner leurs camarades; quant à Thomas Jolliffe, qui, pendant le temps employé activement, avait résisté au mal de la façon la plus énergique, il fut un de ceux qui guérirent le plus difficilement, le repos de l'hôpital du bord ayant déterminé chez lui des crampes des membres inférieurs, aussi tenaces que douloureuses.

Nature de la glace traversée par la division du Nord.

Quand, après avoir abandonné la côte, on fait route au nord, on ne rencontre que rarement de la glace unie. Ce que l'on peut appeler les glaçons flottants de niveau ou champs de glace, quoique placés en moyenne à plus de 2 mètres au-dessus de la glace environnante, étaient petits et n'offraient pas plus d'un mille de chemin pour les traverser. Leur surface était parsemée de petits monticules aux sommets bleuâtres et arrondis, rangés quelquefois en ligne et dépassant le niveau général de 3 à 6 mètres; mais le plus souvent séparés entre eux par de petites dépressions de 30 à 60 mètres de large, remplies par d'épaisses traînées de neige amoncelée par le vent, ce qui donnait au tout l'apparence d'une mer agitée qui se serait congelée subitement. Une vaste collection de débris provenant de la banquise que l'été précédent avait mise en pièces, séparait ces glaçons flottants comme l'eussent fait de larges haies, composées d'une infinité de petits glaçons que la gelée de l'hiver actuel avait réunis en une masse compacte. Leur assemblage présentait un aspect étrange et donnait assez l'idée du chaos qui avait jeté les uns sur les autres ces blocs de glace aux formes angulaires, d'une hauteur de 12 à 15 mètres, et ne laissant que peu ou point le choix d'une route pour les franchir ou les tourner. Du sommet de ces barrières de glace pressée descendait une série continue de pentes neigeuses, allant rejoindre le niveau général à environ 30 mètres de distance.

Pendant l'hiver qui venait de s'écouler, le vent dominant ayant presque constamment soufflé de l'ouest et la route des traîneaux étant le nord vrai, la direction générale de ces accumulations de glace devait la rencontrer à angle droit et la gêner beaucoup, au lieu de la rendre plus facile, ainsi qu'il arrive souvent pour les voyages le long d'une côte, alors qu'on peut profiter des longues arêtes unies que présentent ces accumulations et circuler facilement sur leurs crêtes. Tout cela composait le chemin le plus difficile qu'on pût imaginer, et nous n'avions malheureusement pas le plus léger espoir qu'il pût s'améliorer.

Le voyage ne fut donc qu'une lutte continuelle contre des obstacles sans cesse renaissants, chaque succès obtenu au prix de tant de peine stimulant d'ailleurs le courage de nos marins et leur donnant de nouvelles forces pour soutenir de nouvelles luttes.

Il fallait à chaque fois se servir de la pioche pour ouvrir un passage et abattre une partie de la glace pressée, dont les débris formaient un plan incliné sur lequel les traîneaux pouvaient s'avancer un à un. Au lieu de gagner du terrain d'une façon continue et suivie, toute la petite troupe dépensait plus de la moitié de son temps à s'atteler au traîneau et à le faire chaque fois avancer de quelques pieds. Dans de semblables circonstances, la distance parcourue, si courte qu'elle puisse paraître à quelques personnes, était vraiment surprenante.

L'excellente conduite des équipages, aussi bien que l'ardeur qu'ils déployèrent en présence de la rude tâche qu'ils avaient à remplir, montre d'une façon frappante le sentiment de confiance qu'ils avaient dans leurs chefs, et aussi quels soins vigilants ces derniers prenaient des hommes placés sous leurs ordres et combien ils se préoccupaient de mener à bien l'œuvre dont ils étaient chargés.

Je ne crois pas qu'il existe deux officiers capables d'accomplir avec plus d'habileté et de courage que le commandant Markham et son habile second le lieutenant de vaisseau Parr un voyage aussi pénible, et j'ai l'espoir que Leurs Seigneuries sauront trouver pour leurs services quelques marques d'approbation.

Les services de Thomas Rawlings et d'Edward Lawrence, sous-officiers de 1re classe, qui remplissaient les importantes fonctions de capitaines de traîneaux, sont au-dessus de tout éloge. Leur entrain et leur bonne humeur étaient inépuisables, et c'est à leur adresse et à leurs précautions intelligentes qu'il faut attribuer le retour heureux des traîneaux chargés d'assurer les moyens d'existence de la division du Nord. J'ajouterai qu'ils ramenèrent leurs traîneaux en aussi bon état qu'au moment de leur départ du navire, et cela malgré les difficultés de toute nature d'une route qui, dans toutes les occasions précédentes, non-seulement fit reculer tous les voyageurs qui l'affrontèrent, mais encore les vit se retirer en remportant leur matériel brisé.

Il est bien difficile de trouver une récompense qui puisse, en quoi que ce soit, compenser le labeur continuel et les privations extrêmes que ces hommes, aussi bien que les équipages des traîneaux en général, supportèrent avec le plus grand stoïcisme et la plus mâle énergie.

Résultats du voyage au nord sur la glace polaire.

Pendant ce mémorable voyage pour pénétrer au nord en cheminant sur l'épaisse glace de l'océan Polaire, sans le secours d'aucune terre le long de laquelle il fût possible de voyager, les marins anglais déployèrent au plus haut degré le courage et l'audace qui peuvent seuls permettre de vaincre d'aussi grandes difficultés. Leur patience et leur ardeur croissaient avec l'opposition qu'ils rencontraient, et ce n'est qu'au prix des plus énergiques efforts que le commandant Markham, le lieutenant Parr et leurs braves compagnons réussirent à faire flotter le pavillon national par 83° 20′ 26″ N., ne laissant plus qu'une distance de 400 milles à parcourir pour atteindre le pôle nord.

Il faut remarquer cependant que, pour arriver à cet endroit, la distance directe parcourue, en prenant le navire comme point de départ, ne fut que de 73 milles, tandis que le chemin total qu'il fallut faire est de 276 milles pour aller et de 245 milles pour revenir.

Le travail pénible et les souffrances que nos hommes eurent à supporter, rapprochés des résultats du voyage de Parry en 1827, prouvent qu'un voyage de longue haleine, accompli sur les glaces de la mer polaire par un traîneau forcé de transporter avec lui un canot capable de supporter la mer pendant une longue traversée, est impraticable à n'importe quel moment de l'année, par suite des difficultés que présente la route que les voyageurs ont à suivre. En outre, comme chacun des traîneaux ne peut avancer qu'un à un, nous pouvons estimer exactement le chemin que chacun d'eux peut faire par jour, quand même on considérerait comme plus avantageux de s'avancer à l'aide de traîneaux légers, sans moyens additionnels d'assurer le retour à un moment avancé de la saison, dans le cas où la glace viendrait à se rompre sur les derrières de l'expédition. Le maximum du terrain que l'on peut gagner par jour peut être fixé à 2 milles 3/4, la moyenne à 1 mille 1/4.

Il peut être utile de constater que la déplorable apparition du scorbut, qui certainement réduisit le chemin parcouru d'environ 10 ou 20 milles, n'infirme en rien nos conclusions. La perte du travail des deux premiers hommes attaqués et se plaignant de douleurs dans les jambes, mal si fréquent chez tous ceux qui voyagent dans tous les pays, et surtout chez ceux qui sont employés à tirer des traîneaux dans les régions arctiques, fut amplement compensée par l'abandon d'un des deux canots, qui fut laissé en route; la distance parcourue pendant les 25 premiers jours du voyage d'aller ne fut donc pas sensiblement diminuée, et ce ne fut que pendant les 14 derniers jours que la moyenne du chemin fait en avant diminua considérablement, par suite de la maladie de trois autres matelots. Cependant, on gagnait au nord si lentement que la petite troupe continua vaillamment sa marche jusqu'à l'entier épuisement de ses provisions, persuadée qu'avec l'aide de ses officiers qui, dès le commencement, avaient pris la place de leurs hommes sur les cordes servant à tirer les traîneaux et maniaient la pioche avec autant d'ardeur qu'ils en mettaient eux-mêmes, elle pourrait promptement regagner la terre, par la route qu'elle avait frayée et en quelque sorte nivelée au prix de tant de labeur, pendant son voyage d'aller.

Inquiétudes au sujet de la division de l'Ouest.

Sur ces entrefaites, le scorbut ayant, à l'exception de quelques hommes, attaqué tout l'équipage du bâtiment, je conçus quelques inquiétudes sur la santé des hommes qui accompagnaient le lieutenant Aldrich, que je supposais en train de revenir de son voyage dans l'ouest. Mes inquiétudes augmentèrent encore, quand je découvris que le cairn élevé sur son dépôt de provisions à 30 milles au nord-ouest n'avait pas été touché le jour que j'avais fixé pour son arrivée en ce dernier endroit. Je me décidai alors à envoyer à sa rencontre le lieutenant May, avec le traîneau à chiens et trois hommes, aussi forts que bien portants.

Le 20 juin, les deux troupes se rencontrèrent auprès du cairn du dépôt et signalèrent leur arrivée au navire. Le lieutenant Aldrich avait traversé la terre juste à temps ; car le jour suivant une tempête de sud commença à souffler, amenant avec elle un temps plus chaud, de sorte que le dégel s'établit avec tant de rapidité qu'à terre les vallées pleines de neige restèrent infranchissables pour le reste de la saison.

Le lieutenant May rencontra l'expédition d'Aldrich. au moment même où les hommes qui la composaient étaient à bout de forces. Après un voyage des plus pénibles, supporté avec un courage héroïque, cette vaillante petite troupe était retournée à l'endroit même où celle du commandant Markham était revenue sans aide et où je la rencontrai le 11 juin; mais là, les mêmes taches charbonneuses qui avaient attaqué la division, du Nord et contre lesquelles celle de l'Ouest avait lutté pendant longtemps, prirent un développement si rapide qu'à l'exception du lieutenant Aldrich et du sous-officier Adam Ayles, tout l'équipage de son traîneau, composé de sept hommes, était *hors de combat.*

Deux de ses marins continuèrent à lutter courageusement sans abandonner leur poste, pendant que quatre de leurs camarades, après avoir résisté jusqu'au dernier moment, furent obligés de se faire porter par le traîneau. Dans ces conditions déplorables, l'arrivée du lieutenant May, qui apportait du secours, fut pour eux un événement providentiel.

Grâce à leur aide, le lieutenant Aldrich réussit à atteindre *l'Alert* le matin du 26, et tous ensemble nous offrîmes au Dieu tout-puissant un nouveau tribut de prières pour le remercier d'avoir épargné la vie de cette petite troupe; après quoi je les confiai tous aux soins du docteur Colan, à l'exception de l'officier que le scorbut avait seul épargné.

Quoique la nécessité de traverser la terre avec des traîneaux lourdement chargés eût retardé ses premiers pas, le lieutenant Aldrich, à force d'énergie, avait réussi à explorer la côte ouest jusqu'à 220 milles de *l'Alert.*

La côte court d'abord au nord-ouest pendant 90 milles jusqu'au cap Columbia, promontoire le plus nord et situé par 83°07' lat. N. et 70°30' long. O.

De là la terre s'infléchit à l'ouest pendant 60 milles jusque par 79°00' O. et enfin tourne graduellement au sud jusque par 82°16′ N. et 85°33′ O., position extrême atteinte par Aldrich. Cet officier n'aperçut aucune terre au nord ni au nord-ouest, ni même rien qui en eût l'apparence, et la nature épaisse de la glace me fait penser qu'il n'est pas possible qu'il existe une terre quelconque à une distance de la côte qu'on puisse franchir.

Quoique, pendant le voyage d'aller, la plus grande partie des hommes eût à souffrir plus ou moins, ces petits malaises furent considérés comme passagers, et ce n'est qu'au voyage de retour qu'ils devinrent plus alarmants. Les gencives des hommes devinrent livides, molles et saignantes, et il n'y eut plus de doute possible : c'était bien le scorbut qui faisait son apparition.

Je dois aux marins de la division de l'Ouest les mêmes éloges qu'à ceux de Markham pour leur intrépidité et leur patience. Réduits au même état que leurs camarades du Nord, ils souffrirent davantage, si toutefois cela est possible ; car, à une pareille distance du navire et de tout secours, aucun d'eux ne pouvait se faire porter sans compromettre l'existence de tous les autres, et tous durent rester à lutter sur les traits des traîneaux et continuer la route à marche forcée.

C'est aux soins, aussi énergiques que judicieux, du lieutenant Aldrich et au moral exemplaire de Joseph Good, maître d'équipage capitaine du traîneau, l'un de ceux qui eurent cependant le plus à souffrir, que les hommes doivent la conservation de leur existence pendant ce long et pénible voyage de retour.

Les services du lieutenant Aldrich en cette occasion, aussi bien que ceux qu'il a pu rendre pendant les trois années qu'il est resté sous mes ordres, ont toujours provoqué mon admiration. C'est un officier plein de zèle et de valeur, que je signale à l'attention de Leurs Seigneuries.

Attaque de scorbut.

En ce qui concerne l'apparition du scorbut qui attaqua l'équipage de *la Discovery* aussi bien que *l'Alert*, j'avais la conviction que, grâce à l'excellente condition de nos provisions, les hommes qui composaient les équipages des traîneaux et qui tous jouissaient d'une excellente santé, seraient épargnés par ce terrible fléau. Mais je suis maintenant forcé d'admettre que le ma existait parmi nous à l'état latent, au milieu même de ces hommes magnifiques qui armaient les traîneaux et tels qu'on en eût difficilement trouvé de plus beaux Les fatigues excessives, inhérentes aux voyages arctiques, firent éclater la cruelle épidémie avec une violence inusitée, ainsi que cela s'est généralement produit pendant les expéditions antérieures à la nôtre, quand elles ne pouvaient se procurer du gibier en abondance ou qu'elles manquaient de jus de citron.

Ce fut aux hommes d'une constitution délicate que le scorbut s'attaqua d'abord, ensuite à ceux de leurs camarades qui avaient un tempérament prédisposant, enfin aux marins qui prirent une part active aux voyages les plus longs et les plus fatigants, et qui, du reste, furent de beaucoup les plus malades.

Je suis convaincu que si nous n'avions pas eu à faire nos voyages en traîneaux, le mal n'aurait pas trahi sa présence au milieu de nous et que si, tout d'abord, les officiers avaient eu à accomplir le même labeur quotidien que leurs hommes, ils n'eussent pas été plus épargnés qu'eux.

Le 9 juillet, 15 jours après le retour du dernier

traîneau, trente-six hommes de l'équipage avaient passé par l'hôpital du bord, et à cette date il en restait encore vingt-quatre en traitement.

Un aussi grand nombre de malades, dont la plupart réclamaient des soins attentifs et constants, finit par me faire craindre pour les forces du docteur Colan, dont, cependant, rien ne pouvait abattre le zèle et le courage. Cependant la privation de repos et d'exercice, jointe aux fatigues causées par les longues nuits de veille passées au chevet du pauvre Neel Petersen, altéra sensiblement la santé de notre digne médecin.

Expédition à la côte du Groënland.

Pour conserver au récit tout son esprit de suite, je consigne ici les résultats du voyage d'exploration du lieutenant Beaumont à la côte du Groënland, résultats que je ne connus, du reste, que quelque temps après le retour de cet officier.

Le 6 août, pendant que *l'Alert*, essayant de franchir le chenal de Robeson, s'était vue emprisonner par les glaces à 20 milles au nord du havre de *la Discovery*, le lieutenant Rawson et deux matelots arrivèrent à bord, nous apportant des lettres du capitaine Stephenson, et la triste nouvelle de l'apparition du scorbut au milieu des hommes qui armaient les traîneaux de la division du Groënland.

Le mal avait, du reste, le même caractère de gravité qu'à bord de *l'Alert*, et le lieutenant Beaumont avait été obligé de s'arrêter à la baie Polaris pour reposer ses hommes.

J'ai déjà raconté les faits et gestes de l'expédition jusqu'au 5 mai, alors que le docteur Coppinger quitta le lieutenant Beaumont, faisant route au nord-ouest le long de la côte du Groënland, avec deux traîneaux armés par des hommes jouissant en apparence d'une excellente santé. Quelques jours après, le gabier James Hand, qui avait passé l'hiver à bord de *l'Alert*, montra quelques symptômes de scorbut. Dès que le lieutenant Beaumont eut reconnu la nature du mal dont Hand était atteint, il prit la résolution de renvoyer à la baie Polaris le lieutenant Rawson avec trois hommes et le malade, et de continuer son voyage d'exploration avec un équipage réduit.

Le 11 mai, les deux officiers se séparèrent; mais, pendant son voyage de retour à la baie Polaris, le pauvre Rawson eut deux autres de ses hommes atteints par le scorbut, de sorte qu'il ne lui resta qu'un seul matelot pour veiller sur ses malades et remorquer le traîneau sur lequel était couché le plus souffrant de ses hommes. Ce ne fut que le 3 juin qu'il put arriver à destination, et trop tard pour sauver James Hand, qui expira trois heures après son arrivée à la baie Polaris.

En résumé, de tous ses hommes il n'y en eut qu'un qui échappa au terrible fléau, et le sous-officier qui conduisait le traîneau, quoique pouvant à peine se soutenir, refusa énergiquement de se faire traîner, sachant bien que ce surcroît de charge constituerait un danger pour tous ses camarades.

Dans ces circonstances pénibles, la conduite du lieutenant Rawson fut au-dessus de tout éloge : sa nature à la fois ferme et gaie soutint le moral de sa petite bande d'estropiés, et, sans la confiance aveugle qu'elle avait en lui, elle n'eût certainement jamais atteint le dépôt de vivres qui devait la sauver. Son retour étant complétement inattendu, personne n'eut l'idée de lui envoyer un secours qu'aucun des hommes n'était, d'ailleurs, en état de lui porter.

Le 7 juin, le lieutenant Fulford, le docteur Coppinger et Hans, conduisant le traîneau à chiens, retournèrent au dépôt de la baie Polaris, en revenant d'explorer le fiord de Petermann ; grâce à la viande fraîche des veaux marins qu'ils purent se procurer et à l'habileté professionnelle du docteur Coppinger, les progrès du scorbut furent bientôt enrayés et les malades reprirent peu à peu leurs forces.

Après s'être séparé de Rawson, le lieutenant Beaumont continua sa route, et, le 21 mai, il arrivait par 82° 18′ N. et 50° 40′ O. en vue d'une terre qui paraissait être une île détachée, mais qui, étant donnée la nature de la glace, n'était en réalité que la continuation de la côte du Groënland. Cette terre s'étendait jusque par 82° 54′ N. et 48° 33′ O.

A cette époque, deux autres matelots de l'armement du traîneau montrèrent de graves symptômes de scorbut, et quelque temps après le commencement du voyage de retour, tous les hommes étaient malades. Au bout de quelques jours, il n'y avait plus que le lieutenant Beaumont, le quartier-maître glacier Alexandre Gray, capitaine du traîneau, et le chauffeur Frank Jones qui fussent capables de le remorquer ; quant aux quatre autres marins, il fallait les transporter par groupes, ce qui nécessitait deux voyages et quelquefois trois, sur une glace raboteuse et faite pour décourager les plus intrépides. Cependant la petite troupe continuait bravement sa route, luttant avec persévérance contre tant d'obstacles, heureuse si elle pouvait ainsi franchir un mille par jour et ne perdant jamais courage. L'inquiétude du lieutenant Beaumont était cependant extrême, et il commençait à craindre que le secours n'arrivât trop tard pour sauver la vie de ses malades les plus gravement atteints.

En ne le voyant pas arriver à la baie Polaris au jour fixé, le lieutenant Rawson, le docteur Coppinger et Hans, qui conduisait le traîneau à chiens, se décidèrent à se mettre à sa recherche ; par un hasard providentiel, ils le rencontrèrent à la baie de Newman à 20 milles du dépôt. Le jour suivant, Frank Jones, incapable de rester plus longtemps attelé au traîneau, dut se résigner à marcher sans pouvoir fournir aucun secours, laissant ainsi les trois officiers et Alexandre Gray traîner les quatre malades, pendant que les chiens transportaient les provisions et l'équipement.

Le 27, Alexandre Gray lui-même dut renoncer à travailler et il ne resta plus que les officiers attelés au traîneau, tandis que Gray et Jones les accompagnaient clopin-clopant et luttant avec courage pour ne pas rester en arrière.

Le 28, on n'était plus qu'à une journée de marche du dépôt ; Beaumont, dans l'espoir qu'ils arriveraient à temps à la baie Polaris, décida que ses deux malades les plus gravement atteints seraient placés sur le traîneau à chiens, et acheminés ainsi sous la conduite et les soins du docteur Coppinger ; mais le gabier Charles Paul, qui, au dernier moment, avait quitté *le Valorous* à la baie de Disco pour faire partie de l'expédition, expira quelques heures après leur arrivée.

Le reste de la petite troupe, avec l'aide de Hans et de ses chiens, finit par arriver à la baie Polaris le 1er juillet, et comme il était impossible de traverser le détroit et de rallier *la Discovery* avant que les malades fussent rétablis, Beaumont prit la résolution de s'y établir et d'y rester un mois. Ceux de ses hommes qui étaient assez valides pour porter un fusil se mirent en chasse, et réussirent si bien qu'ils purent fournir à leurs camarades une ration quotidienne de viande fraîche.

Dans ces circonstances critiques, si nous n'avons pas eu plus de morts à pleurer, nous le devons aux secours si opportuns du lieutenant Rawson, qui, en qualité d'officier le plus ancien à la baie Polaris, prit sur lui de partir au secours de son camarade sans prendre les ordres du capitaine Stephenson, auquel il ne pouvait confier ses appréhensions, n'ayant pas le temps de traverser le bassin de Hall.

Le capitaine Stephenson s'étant assuré par lui-même que les ressources du dépôt de la baie Polaris étaient suffisantes pour le nombre d'hommes qu'il avait détachés à la côte du Groënland, quoique naturellement désireux de les voir revenir à bord de *la Discovery*, ne concevait cependant aucune inquiétude sur leur sécurité.

Le 12 juillet, le lieutenant Fulford, avec deux hommes et le traîneau à chiens, fut envoyé pour traverser le bassin de Hall et se rendre à la baie Discovery, où il arriva le troisième jour, après avoir trouvé la glace en mouvement sur le bord ouest du chenal et éprouvé les plus grandes difficultés pour débarquer.

Dès que le capitaine Stephenson fut au courant de la triste situation de ses hommes, il partit de suite avec une troupe de secours, emportant une bonne provision de médicaments pour la baie Polaris, où il arriva le 19. Le jour suivant, la glace entrait en mouvement des deux côtés du chenal.

Le 29, le commandant Stephenson, accompagné de

Rawson, de Hans, de quatre hommes valides et deux marins qui pouvaient encore marcher, s'embarqua dans le *youyou* (1) et, après une traversée aussi pénible que dangereuse, réussit à débarquer à la côte ouest, le 2 août.

Le lieutenant Beaumont et le docteur Coppinger restèrent en arrière avec cinq hommes valides pour donner encore, pendant quelques jours, leurs soins aux deux malades qui étaient à la baie Polaris et leur laisser le temps de se rétablir.

Enfin, le 14 août, tout le monde avait repassé le détroit et était de retour à la baie Discovery, après une absence de 120 jours. Plusieurs des hommes ayant hiverné à bord de *l'Alert* étaient dehors depuis le 26 août de l'année précédente.

Que ne devons-nous pas au docteur Coppinger, qui pendant huit longues semaines vécut sous la tente sur les glaces arctiques, n'ayant aucune ressource pour soigner ses malades! Grâce à sa science et à son habileté, tous les malades purent cependant reprendre leur service à leur arrivée à bord de *la Discovery*.

Hans l'Esquimau.

Tous s'exprimaient en termes les plus élogieux sur le compte de l'Esquimau Hans, qui conduisait le traîneau à chiens. Son zèle ne se démentit pas un seul instant, et c'est à sa patiente habileté et à son adresse étonnante à la chasse que le docteur dut la viande de veau marin qui lui permit de faire suivre à ses malades un régime un peu plus satisfaisant.

---

(1) *Youyou*, le plus petit des canots du bord.

Fiord de Petermann.

Le lieutenant Fulford et le docteur Coppinger levèrent tous les doutes que nous avions sur la nature du fiord de Petermann. A 19 milles de son entrée, ils furent arrêtés par la pente rapide et abrupte d'un glacier qui s'étendait d'un côté à l'autre du fiord et le fermait complétement.

Résultats des voyages en traîneaux faits pendant le printemps.

En examinant attentivement les résultats fournis par les voyages que nos traîneaux firent pendant le printemps, je conclus que : l'absence de terres du Nord et la présence d'une banquise polaire qui s'oppose à toute navigation ne permettent pas d'admettre qu'un navire puisse parvenir, par le canal de Smith, à une position plus nord que celle où nous avons amené *l'Alert* et que, quel que soit le point du canal qu'on atteigne, il est impossible de s'avancer en traîneau plus près du pôle que nous ne l'avons fait.

Je décide le retour en Angleterrè.

Tout ce que l'expédition pouvait alors gagner, en restant une saison de plus dans le voisinage de la position que nous occupions, eût été d'étendre l'exploration des côtes de la terre de Grant au sud-ouest et celle de la côte du Groënland au nord-est et à l'est; mais, comme toutes les ressources dont je disposais encore ne me permettaient pas d'explorer plus de 50 milles au delà des endroits que nous avions atteints, et que de plus les équipages, quoique se remettant rapidement du scorbut, n'auraient pu certainement, l'année suivante, supporter les fatigues de voyages lointains, je décidai que l'expédition se mettrait en route pour l'Angleterre, dès que la glace en se brisant nous aurait délivrés de notre prison. Ce fut avec un profond sentiment de regret que je sentis qu'il était de mon devoir d'abandonner un examen plus prolongé de la côte nord du Groënland et de renoncer à continuer une tâche aussi intéressante.

Quoique, dès le commencement de juin, quelques parties de mer libre se montrassent le long de la crevasse que les marées produisaient dans la couche de glace, le dégel ne s'établit régulièrement que pendant la dernière semaine de ce mois.

Le 1er juillet, les torrents commencèrent à couler dans les ravines, et le dégel gagna rapidement tant à terre que sur la glace, qui cependant ne se mit en mouvement que le 20.

Le 23, une grande brise de sud-ouest chassa la banquise à un mille au large du rivage; quoique, comme pendant l'automne, il n'y eût encore aucun chenal navigable qui permît de gagner la haute mer ou de descendre le long de terre à l'ouest du cap Sheridan.

Le 26, nous laissâmes dans un cairn élevé sur le rivage une notice détaillée des travaux de l'expédition et annonçant mon intention de faire route au sud.

Départ pour le Sud

Ce ne fut que le 31 que nous réussîmes à nous frayer un passage à travers la barrière de glace qui nous avait si bien protégés pendant l'hiver. Un violent coup de vent de sud-ouest qui chassa la banquise au large, nous permit de contourner le cap Rawson et d'entrer dans le chenal de Robeson, commençant ainsi notre traversée de retour.

Arrêtés au large du cap Union.

A peine avions-nous fait 10 milles le long de terre, en profitant d'un chenal bien ouvert entre la banquise et le pied de la falaise de glace qui bordait la côte, que nous fûmes arrêtés par un gros glaçon de 1 mille 1/2 de diamètre, serré contre terre à 4 milles au nord du cap Union. Nous ne pûmes, pour amarrer le navire, trouver de meilleur abri qu'une petite échancrure au milieu d'un groupe d'îles de glace échouées le long de la côte, au large d'une partie peu profonde.

La glace du large dérivait en masse compacte au nord et au sud, tandis que celle qui avoisinait la terre était désagrégée, mais pas assez pour permettre de naviguer.

Le matin du 1er août, le gros glaçon qui nous avait arrêtés le jour précédent s'ébranla légèrement et se mit bientôt en route pour le nord, entraîné par toute la force du courant de marée avec une vitesse de 1 mille 1/2 à l'heure, écrasant sur son passage la glace au pied des falaises et s'avançant sur le navire en menaçant de nous broyer.

Heureusement nous étions sous pression, de sorte qu'en larguant (1) nos amarres, nous réussîmes à passer entre le rivage et ce glaçon qui nous ouvrit de lui-même un chenal en rebondissant sur une pointe avancée contre laquelle il vint se choquer violemment; peu après, il s'en alla en tournant lentement s'adosser à la terre, tout près de la position que nous avions abandonnée quelques instants auparavant.

(1) *Larguer*, lâcher une corde ou tout autre objet attaché quelque part.

Comparaison entre la glace flottante et celle de la mer Polaire.

Ce qui venait de se passer nous mit à même de juger en connaissance de cause la différence qui existe entre un glaçon flottant ordinaire et la glace de la mer Polaire. Le premier, n'ayant pas plus de 2 mètres d'épaisseur, se brise en morceaux contre tout obstacle qu'il rencontre sur sa route, tandis que la seconde, épaisse de 25 à 30 mètres, soulève sans effort tout ce qui l'empèche d'avancer et continue sa route sans y prendre garde.

C'est ainsi que cela se passa dans cette occasion : le glaçon polaire, qui ne nous manqua que de quelques mètres, en cisaillant la ceinture de lourds glaçons isolés qui bordaient la côte, empila les uns sur les autres, en les refoulant sur la pente du rivage, les débris de glace qui nous protégeaient et dont quelques-uns, hauts de 12 mètres, pesaient plusieurs milliers de tonnes. Tout cela ne fut qu'un jeu pour lui, et le géant polaire continua sa course en brisant tout sur son passage sans subir aucune atteinte, sans perdre la moindre parcelle de son énorme masse.

C'est un miracle que *l'Alert* ait pu réussir à le contourner en s'avançant tortueusement et échapper ainsi au piége qui l'étreignait.

Nous continuâmes notre route, tout près de la falaise de glace attenant au rivage et élevée de 6 à 12 mètres. Nous passions par des fonds de 20 à 40 mètres d'eau qui la bordaient, et nous en naviguions à si peu de distance que quelquefois les canots de côté venaient la toucher. C'est ainsi que nous arrivâmes à 20 milles du cap Union ; mais la banquise qui se tenait acco–

lée au cap pendant le flot et le jusant, arrêta de nouveau *l'Alert* dans sa route accidentée.

Heureusement pour nous, nous pûmes abriter le navire par le travers d'une large coupée où la mer coulait librement dans la glace, et dont le courant avait été assez fort pour miner sourdement la falaise glacée et en détacher une cinquantaine de mètres entraînés au large, ce qui nous laissa un espace suffisant pour amarrer le navire le long du rivage et ne l'exposer ainsi qu'à être obligé de gagner la terre, pour éviter d'être atteint par quelque glaçon flottant qui se serait échoué avant de pouvoir aborder *l'Alert*.

Nous fûmes retenus pendant vingt-quatre heures dans cette situation, les canots du bord exposé ayant été prudemment amenés et mouillés près de terre pour éviter de les voir écrasés par la glace.

Impossibilité de passer le cap Union.

A mi-flot, le courant portant au sud, un étroit chenal se forma autour du cap. Je donnai immédiatement l'ordre à la machine d'être prête à marcher ; mais nous perdîmes tant de temps à monter notre gouvernail, à cause du courant qui, venant de l'arrière, le poussait sous le navire, que la glace s'était refermée avant que nous ayons pu doubler le cap, et du même coup nous avait isolés de notre petit havre protecteur, de sorte que, pendant que la marée portait au nord, je fus obligé d'amarrer le navire dans une petite échancrure au pied de la haute falaise de glace.

Par bonheur, notre position si près du cap Union nous garantissait des abordages. Comme nous n'étions qu'à un mille de cette terre, toute la glace que le courant charriait au nord, s'écartait à environ 20 mètres à cause des remous, et ne rejoignait le rivage qu'après nous avoir dépassés; les morceaux plus légers venaient seuls écorcher notre carène en glissant le long du bord. Le danger de notre position consistait en ce qu'au moment du renversement de courant, nous aurions à supporter toute la pression de la glace entraînée par la marée portant au sud. Aussi, au moment de la basse mer, le temps étant calme et ne présentant aucune apparence de vents d'ouest qui auraient pu ouvrir quelque chenal navigable, je larguai les amarres et m'enfonçai à une petite distance dans l'intérieur de la banquise, dans le but de permettre au navire de dériver avec elle et de doubler ainsi le cap au moment du flot portant au sud.

La glace nous transporta à environ un quart de mille de terre, sans que nous ayons en vue aucune partie de mer libre, la banquise se transportant lentement et tout d'une pièce sans se rompre. Nous remarquâmes en passant que la glace qui s'étendait au pied de la côte ne présentait aucune anfractuosité et ne nous offrirait, par conséquent, aucune protection dans le cas où nous aurions été obligés de sortir de la banquise.

Au moment où le courant de marée vint à diminuer, nous réussîmes, après beaucoup d'efforts, à sortir de notre prison. A peine étions-nous dehors, que la glace commença à remonter au nord avec une grande rapidité. Le courant ne se faisant pas encore sentir à quelque 20 mètres de terre, nous pûmes faire lentement route à la vapeur, nous dirigeant au sud tout près de la glace du pied des falaises. Les canots du travers étant retournés en dedans ne couraient aucun danger; mais il n'en était pas de même pour ceux de l'arrière, qui, ne pouvant tourner sur leurs bossoirs, couraient sans cesse le danger d'être écrasés contre le mur de glace qui bordait la côte.

A mesure que nous approchions de la baie de Lincoln, le chenal de mer libre s'élargit considérablement, ce qui nous permit de le traverser sans difficulté et d'atteindre à 5 milles au nord du cap Beechey avant que la marée renversât (1) pour se diriger de nouveau au sud.

Arrivé là, je fis amarrer le navire le long d'un gros glaçon polaire, avec l'espoir de dériver de nouveau au sud avec lui; mais comme je m'aperçus que les glaces légères dérivaient plus vite et menaçaient de nous envelopper complétement, je fis larguer nos amarres, et, après beaucoup de tracas et de peine, nous atteignîmes le côté nord du cap Beechey, où nous étions le 3 août à midi, avant que le courant portât au nord.

Arrêtés par la glace au sud du cap Beechey.

Après deux heures d'attente dans cette position, la mer, très-dégagée au nord, finit par faire ouvrir un chenal qui nous permit de doubler le cap. C'est là que se terminent les falaises de glace bordant le pied de la côte. Au large du cap, la terre perd son caractère escarpé et abrupt, et vient en pente douce mourir au rivage. Elle est entourée par une ceinture d'îles de glace, qui, quoique plus petites, ressemblent assez à celles qui encombrent le rivage de la mer Polaire. C'est au milieu d'elles que j'amarrai le navire, par un fond de 6 mètres d'eau et à 20 mètres de terre. Nous

(1) On dit que la marée *renverse*, quand le courant de flot succède à celui de jusant et réciproquement.

n'étions pas à plus d'un mille au sud du cap, et en me reportant à la position bien plus exposée que nous occupions pendant l'hiver, je considérai le navire comme étant en sûreté.

Pendant la journée du 4 août, le temps resta couvert avec des grains de neige venant du sud-ouest, le baromètre restant très-bas, quoique le vent soufflât avec une force modérée.

Le navire étant emprisonné dans les glaces et dans l'impossibilité de bouger, je permis à nos *sportsmen* d'aller se promener jusqu'aux lacs où, l'année précédente, ils avaient réussi à tuer trois bœufs à musc. Ils trouvèrent un assez grand nombre d'oies sauvages toutes dans l'impossibilité de s'envoler : les vieilles parce qu'elles étaient à l'époque de la mue et presque complétement déplumées, tandis que les jeunes, quoique étant de belle taille, n'avaient pas encore la force de voler hors du nid. Cinquante-sept de ces volatiles furent apportés à bord et accueillis avec joie par nos malades, qui étaient encore au nombre de dix.

Nous communiquons avec la « Discovery ».

La glace continuant à nous tenir emprisonnés, j'envoyai M. Le Clerc Egerton accompagné d'un matelot pour communiquer avec *la Discovery*, qui n'était qu'à 20 milles de nous. Ils partirent le 5 août portant à notre conserve l'ordre de se préparer à prendre la mer. En dépit des collines sans nombre qu'ils eurent à gravir et qui rendirent leur voyage très-pénible, ils arrivèrent à destination le soir même de leur départ.

Banquise au large.

Pendant que nous étions retenus près du cap

Beechy, la banquise du large dérivait avec la marée, le vent ayant pour effet d'augmenter la force du courant et la durée de sa direction, aussi bien vers le nord que vers le sud. Quoique la glace fût généralement plus légère que celle de la mer Polaire ou que celle de l'entrée nord du chenal de Robeson, un grand nombre de gros glaçons polaires poussés par le vent du nord passèrent près de nous en dérivant au sud, s'accumulant dans le sund de Lady Franklin et le fiord d'Archer plutôt que dans le bas du chenal de Kennedy.

En fait, le premier de ces endroits peut être considéré comme un vaste cul-de-sac recevant toute la lourde glace qui dérive au sud par le chenal de Robeson, glace qu'il retient jusqu'à ce que les vents dominants de l'ouest les fassent de nouveau remonter au nord et débarrassent le sund, tout prêt à être rempli lorsque les vents viennent à souffler du nord. Ce n'est que pendant les saisons où les vents de nord règnent en maîtres aux dépens des vents de l'ouest, que l'épaisse glace polaire se trouve entraînée par masses considérables dans le canal de Smith et dans la baie de Baffin.

Pression exercée par la banquise sur les îles de glace échouées.

Le 6 août, le vent força considérablement du nord jusqu'à souffler à l'état de tempête. Au moment du fort du flot, alors que le courant portait au sud, d'énormes glaçons flottants passèrent près de nous en dérivant et descendant le détroit, bousculant sur leur passage la barrière qui nous protégeait et renversant sens dessus dessous l'une des plus grosses îles de glace à l'abri desquelles nous nous tenions.

Cette île était cependant fortement échouée par 21 mètres d'eau sur un banc placé à environ 200 mètres de la ligne principale des autres îles de glace, et nous avait été fort utile les jours précédents en nous servant de rempart et maintenant à bonne distance la banquise, qui dérivait ainsi au loin de nous ; mais cette fois la pointe d'un large glaçon flottant qui s'en allait en dérive au sud, en suivant la terre de très près, accrocha la pauvre île condamnée à la destruction et amena sur elle tout le poids de la banquise. Sous cette énorme pression, elle fut soulevée en l'air de toute sa hauteur (18 mètres au moins au-dessus de l'eau), et, après une sorte de saut périlleux qui la renversa complètement, elle retomba avec un énorme fracas, lançant au loin ses innombrables débris et soulevant la mer en une vague assez forte pour faire considérablement rouler le navire.

Le navire tenaillé par la glace.

L'île de glace qui nous protégeait étant ainsi détruite, la glace, après avoir l'une après l'autre poussé à terre les îles plus légères, s'avança sur le navire, qu'elle finit par tenailler légèrement. Le soir, le lieutenant Rawson et ses deux hommes revinrent de *la Discovery*, nous apportant des nouvelles de la division des traîneaux du Groënland.

Le matin du 7 août, le vent soufflant légèrement de terre, la glace s'écarta du rivage et dégagea le navire de la fâcheuse étreinte de la glace, sans toutefois me permettre d'appareiller pour chercher une position mieux abritée.

Dans l'après-midi, je fis chauffer pour profiter d'une ouverture passagère qui se montrait dans la glace ;

mais nous fûmes encore retenus par notre gouvernail, que nous ne pûmes remonter assez vite, à cause de certains cordages servant à le manœuvrer et qui s'embrouillèrent, de sorte que, quand il fut prêt à fonctionner, la glace s'était refermée et nous emprisonnait de nouveau.

Pendant la nuit, le vent força considérablement, et la glace passait le long du bord avec une vitesse de 2 milles à l'heure, emportée par le courant de sud.

De nombreuses masses de glace échouées en dehors de la barrière qui nous abritait permirent au courant d'amener sur nous le bord intérieur de la banquise, de sorte que deux grosses glaces finirent par peser de tout leur poids sur le navire, celle d'en dehors s'échouant le long du bord, poussant à terre et tenaillant la pauvre *Alert*, qui se trouva soulevée de plus d'un mètre hors de l'eau.

Avec la marée montante, le glaçon le plus léger passa graduellement sous les flancs du bâtiment et diminua d'autant la pression qu'il supportait. Au bout de quatre heures, *l'Alert* n'était plus soulevée que d'environ 0^{m},15 au-dessus de son tirant d'eau habituel.

Arrivée à la baie de la « Discovery ».

Le seul espoir qui nous restât de délivrer le navire consistant à couper en morceaux l'énorme masse de glace échouée en dehors de nous, je fis mettre à cette besogne ardue tout l'équipage armé de pics. Le 10 août, après 3 jours de travail, la glace suffisamment réduite put flotter au moment de la haute mer et délivrer ainsi le navire. En même temps, la banquise s'écartant du rivage, nous pûmes faire 5 milles en avant, et avec beaucoup de peine rejoindre, le jour suivant, notre compagne *la Discovery*.

Après avoir envoyé tous mes malades à bord de ce dernier bâtiment, je fis amarrer *l'Alert* à l'entrée de la baie, toute prête à partir pour la baie Polaris reprendre le lieutenant Beaumont, dès que la glace me permettrait de traverser le détroit; mais l'arrivée de cet officier, qui nous rejoignit le 14 août, rendit heureusement ce voyage inutile.

La Discovery ayant embarqué son charbon et ses vivres, les deux navires étaient alors prêts à faire route au sud; mais quoique la mer parût libre en certains endroits du chenal de Kennedy, le sund de Lady Franklin était encore complétement rempli par les glaces que la tempête du nord avait poussées devant elle.

Pendant que, tout prêts à partir, les navires attendaient un moment favorable pour appareiller, leur arrière échouait à terre à chaque marée basse, mais revenait à flot de nouveau au moment de la haute mer sans qu'aucun d'eux eût à souffrir de ces petits échouages.

Traversée du sund de Lady Franklin.

Le temps étant au calme, la glace se maintint immobile jusqu'au 20 août, époque à laquelle nous profitâmes d'une chance favorable pour nous avancer dans la banquise, qui s'ouvrit peu à peu devant nous et nous permit de gagner une partie de mer comparativement libre, au large du cap Liéber, où soufflait depuis plusieurs jours une forte brise de sud-ouest qui n'avait pu franchir les glaces du bassin de Hall.

A mesure que nous approchions du cap Laurence, la glace, qui devenait de plus en plus serrée, nous mit dans la nécessité de choisir entre les trois partis suivants : retourner au nord, nous enfoncer dans la banquise ou bien amarrer nos bâtiments à quelque île de glace échouée ou à quelque iceberg. Je choisis le dernier et entrai immédiatement dans la baie par le sud du cap. Après avoir suivi la côte pendant quelque temps, nous nous trouvâmes dans un large bassin intérieur parfaitement fermé par les terres, et où je fis amarrer les navires sans la moindre inquiétude sur leur sécurité, quoique les grandes marées de vives eaux amenassent des glaces qui, tout en flottant lentement, menaçaient de remplir peu à peu toute la baie.

« L'Alert » poussée à terre.

Au moment de la haute mer, il arriva malheureusement qu'un morceau de glace qui paraissait tout à fait inoffensif, vint se presser contre le navire, alors que l'île de glace qui nous séparait de terre, et contre laquelle nous nous tenions, vint à flotter par suite de la grande marée et fut elle-même poussée à terre; ce qui fit que le bâtiment échoua tout d'un coup par l'avant ayant encore l'arrière dans une eau profonde.

Avant que nous ayons pu prendre la moindre mesure pour le tirer de cette fâcheuse position, notre navire se trouvait immobilisé sans espoir. A la marée descendante, l'eau baissa de 4^{m},20, laissant l'étrave et la quille découvertes jusque par le travers du mât de misaine; le bâtiment, reposant alors sur ses petits fonds, inclinait d'environ vingt-deux degrés.

En même temps que la marée montait, nous allégeâmes le navire et fîmes passer nos câbles à l'arrière, tout prêts à les amarrer aux ancres que nous fîmes reposer sur deux morceaux de glace convenables. Après cela, l'un de ces deux morceaux fut traîné au large, à une distance convenable de l'arrière du navire, de sorte qu'en faisant sauter le glaçon, l'ancre se trouva tout naturellement mouillée, sans la moindre difficulté. A la pleine mer, *l'Alert* fut déséchouée sans la moindre avarie.

Le 22 août, une brise de sud-ouest ouvrit un nouveau passage, dont nous nous empressâmes de profiter pour nous avancer au sud jusqu'au cap Collinson, sans autres ennuis que ceux inhérents à la navigation dans les glaces par des tempêtes d'une neige épaisse, des temps bruneux et de fortes brises debout.

Au large du cap, *l'Alert* ayant été obligée de marcher en arrière pour éviter d'être tenaillée, les deux navires s'abordèrent et restèrent engagés pendant quelques instants. *La Discovery* perdit un bossoir d'embarcation, mais manœuvra si habilement qu'elle put sauver son canot.

Ce furent, du reste, grâce à l'adresse des officiers de quart des deux navires, les seules avaries que nous fîmes pendant le voyage, quoique nous fussions fréquemment très-près l'un de l'autre ou bien à toucher les falaises de glace et les icebergs.

La glace se refermant sur notre avant, je fis amarrer les deux bâtiments en dedans de quelques icebergs échoués dans la baie Joiner à un mille au nord du cap Mac-Clintock.

Limite nord des icebergs sur le côté ouest du chenal.

En venant du nord, on ne commence à trouver les icebergs qu'au sud du cap Laurence. Tout ce que l'on trouve au nord de cette position peut être considéré comme des îles de glace. Même parmi ceux qui en ont l'habitude, il en est peu qui puissent les reconnaître les uns des autres, tant ils se ressemblent, et certainement tout étranger s'y tromperait, les îles de glace étant souvent plus grandes que les icebergs.

La falaise de glace qui borde la côte est aussi d'une nature toute différente. Elle se forme sous la pression de glaçons plus légers que ceux de la mer Polaire et baigne son pied dans des eaux moins profondes ; ce qui fait que nous ne pouvions y amarrer nos bâtiments, comme nous l'avions fait dans le chenal de Robeson, où nous étions toujours certains de les voir à flot le long de la *glace de pied*, tandis que, dans le chenal de Kennedy et partout au sud de cet endroit, il ne reste à la basse mer que 2 mètres d'eau le long du mur de glace attenant au rivage.

Vers le soir, la force du vent de sud-ouest ayant beaucoup augmenté, la glace s'ouvrit peu à peu au sud, ce qui nous permit de partir et de traverser la baie de Scoresby. Cette baie, qui mesure de 15 à 20 milles dans la direction du S. O. était complétement libre de glace ; mais la brise qui soufflait très-violemment soulevait une mer qui, nous faisant légèrement tanguer (1), arrêtait d'autant l'erre du bâtiment.

Aux approches du cap Frazer, le vent soufflait en tempête, ce qui me fit brûler beaucoup de charbon pour atteindre la baie Maury, immédiatement au nord de ce promontoire. Là, les deux navires furent amarrés au milieu de nombreuses glaces échouées, trop basses pour nous garantir des rafales furieuses qui soufflaient de terre, et rendaient notre position aussi dangereuse que peu confortable.

---

(1) *Tanguer*, se dit du mouvement du navire dans le sens de sa longueur, alors qu'il monte et descend sur les lames qui croisent sa route.

Nous doublons le cap Frazer.

Nous mîmes trois jours pour doubler le cap Frazer et le cap Hayes, qui tous deux se trouvent à un endroit où le chenal fait un brusque détour, ce qui constitue une difficulté de plus dans la navigation. Le 25, après avoir été par deux fois refoulés à notre mouillage de la baie Maury, nous réussîmes à amarrer nos bâtiments en dedans de quelques icebergs échoués près du cap Louis-Napoléon, le même très-probablement qui nous avait abrités le printemps précédent, alors que nous faisions route au nord.

Rencontre au cap Frazer des marées de la mer Polaire et de celles de l'océan Atlantique.

Les deux marées se rencontrent au cap Frazer, en un point dont la position peut varier de quelques milles au nord ou au sud, suivant le vent régnant. La rencontre des deux courants occasionne de violents remous qui ont pour effet immédiat d'accumuler une grande quantité de glaces flottantes aux environs et surtout au sud du cap. Ce fait doit être attribué à ce que c'est là que se termine le chenal de Kennedy, et qu'en cet endroit, il s'élargit considérablement pour devenir le détroit de Smith.

Tandis qu'une foule de causes tendent à maintenir les chenaux étroits libres de glace, les mers étendues ne communiquant avec l'Océan que par des ouvertures resserrées en sont naturellement encombrées.

Je n'ai pas éprouvé plus de difficultés ni couru plus de dangers pour doubler le cap Frazer que pour naviguer dans n'importe quel endroit de ces régions. Ce passage n'est difficile que parce qu'il forme un coude très-brusque, et qu'alors les vents qui soufflent dans la direction du détroit, soit dans le sens du nord, soit dans celui du sud, ne peuvent dégager à la fois les deux côtés du cap.

Ce n'est qu'avec la plus extrême prudence que nous réussîmes à doubler le cap Louis-Napoléon, et ce ne fut certainement pas la partie la plus facile de notre navigation. Il nous fallut lutter avec une sage lenteur, ne gagnant qu'un mille par jour et n'avançant qu'en passant de l'abri d'un iceberg échoué à celui de son voisin, autant que pouvait le permettre le peu de mouvement de la glace, par le temps calme qu'il faisait. De temps à autre nous étions obligés d'entrer dans la banquise, tout en nous maintenant prudemment près de terre. C'est ainsi que, le 29, nous finîmes par atteindre l'île du Prince Impérial dans la baie de Dobbin, chacun éprouvant un vif sentiment de satisfaction d'être délivré de la banquise et de voir, une fois de plus, nos navires amarrés à la glace fixe, hors de la route des icebergs en dérive.

La semaine précédente, le temps était resté très-brumeux pendant que la neige tombait abondamment. L'épaisse et blanche couche dont elle couvrit alors la terre rendit aux montagnes l'éblouissant manteau d'hiver dont elles ne s'étaient débarrassées que quelques semaines avant et qu'elles ne perdirent plus que très-lentement, à mesure que la neige fondait dans les vallées basses qui s'étendent à leurs pieds.

Le vent du nord s'établit alors, mais pas avec assez de force pour mettre la glace en mouvement. Le temps devint très-clair, la température s'abaissa considérablement au-dessous du point de congélation, et, à partir de ce moment, une couche de glace nouvelle se forma jour et nuit à la surface de la mer.

Quand la brume fut entièrement dissipée, nous pûmes contempler le splendide panorama que présentaient à nos yeux les hautes montagnes recouvertes de neige et dont les flancs étaient, de place en place, coupés par d'immenses glaciers remplissant les vallées et miroitant de mille feux sous les rayons du soleil. L'un de ces glaciers descend jusqu'au rivage et décharge dans la baie de Dobbin ses nombreux icebergs, qui s'en vont ensuite flotter au gré des vents et des courants.

Glacier de l'Impératrice Eugénie.

Le glacier le plus important de la côte ouest du canal de Smith a reçu le nom de l'Impératrice Eugénie Les explorateurs anglais ont ainsi voulu manifester leur reconnaissance pour l'intérêt personnel qu'elle prit à l'expédition, en lui offrant gracieusement une foule d'objets destinés à rendre le séjour du bord plus confortable, et dont la nature, nous rappelant le foyer domestique si cher aux Anglais, contribuait à augmenter le bien-être et le plaisir de tous.

Traversée de la baie de Dobbin.

Le 1er septembre, nous réussimes à traverser la baie de Dobbin et à fixer nos bâtiments à un iceberg échoué, qui ne se trouvait qu'à un quart de mille du dépôt de provisions que nous avions établi au printemps précédent, à quelques milles au nord du cap Hawkes; mais l'épaisseur de la couche de glace nouvellement formée était telle, qu'on ne pouvait guère songer à s'y rendre en canot. Cependant, en profitant des fissures que le courant de jusant produisit, nous pûmes embarquer quelques-unes des provisions; mais il reste encore là un canot et une grande quantité de biscuit.

Les mêmes raisons nous empêchèrent de débarquer à l'île de Washington Irving et de visiter notre cairn. Ce ne fut que le troisième jour, après que la grande marée eut ouvert un passage dans la glace, qu'il nous fut possible de nous y rendre. Nous retrouvâmes intacte la notice que nous y avions laissée l'année précédente.

Cairns de l'île Washington Irving.

Nous fîmes une nouvelle visite aux deux cairns très-anciens élevés par les soins d'un voyageur parcourant avant nous ces régions désolées ; les lichens qui recouvrent les pierres, en grimpant de l'une à l'autre, prouvent que ces constructions sont de date très-ancienne.

Elles ont probablement été placées là pour marquer le point le plus nord, atteint par l'un de nos braves et entreprenants prédécesseurs, mort sans revoir la patrie et confier à personne l'existence de ces traces de son passage.

Le 3 septembre, un chenal s'étant ouvert le long de la côte ouest du cap Hawkes, nous fîmes tous nos efforts pour l'atteindre ; mais, la glace nouvelle ayant cimenté ensemble un grand nombre des glaçons épars, débris de la glace plus ancienne, nous nous trouvâmes en face d'une barrière qui nous en séparait et à travers laquelle nous fûmes obligés de nous frayer une route à coup d'éperon, ce qui nous fit dépenser une grande quantité de charbon.

Après avoir doublé le cap, nous nous trouvâmes en présence d'une partie de mer libre que la banquise, en se détachant du rivage, avait mise à découvert ; mais ce passage était encombré d'une foule de petits glaçons détachés qui nous obligèrent à faire une route tortueuse, et à ne passer parfois qu'à 20 mètres de la glace qui bordait la côte. Heureusement pour nous, l'eau se maintint constamment profonde sur notre passage.

La banquise du large, formée d'une glace très-épaisse, était fortement agrégée par la gelée de l'année; nous y vîmes moins d'icebergs que l'année précédente.

Nous réussîmes à atteindre la baie Allman, à moitié route entre le cap Hawkes et la baie de Lady Franklin; mais, arrivés là, nous nous trouvâmes de nouveau arrêtés par de la glace nouvelle, si épaisse, que je pensai qu'il était plus sage d'attendre une nouvelle ouverture, que de nous ouvrir un chemin par la force, en marchant à toute vapeur.

Le jour suivant n'amena aucun changement dans notre position et rien n'indiquait que la glace dût s'ouvrir. Nous ne pouvions rester là sans danger et j'étais très-désireux de gagner un endroit plus abrité; dans cet ordre d'idées, j'ordonnai à *la Discovery*, plus faite que *l'Alert* pour ce genre de besogne, de marcher en avant à toute vapeur et de nous ouvrir un chenal sur son passage. Le capitaine Stephenson se lança donc à travers une couche de glace épaisse de 9 centimètres et réussit à y frayer sa route. Son navire fut plusieurs fois complétement arrêté et, pour le dégager, il était obligé de rassembler tout son équipage sur le pont et de le faire courir alternativement d'un bord à l'autre, de manière à occasionner des roulis, qui écrasaient la glace pressée contre les flancs de *la Discovery*.

A l'entrée de la baie Allman, nous trouvâmes une grande vallée venant des montagnes élevées de l'intérieur, et complétement remplie par un gigantesque glacier s'étendant à l'est, presque jusqu'à la baie de Dobbin. Je lui donnai le nom de M. Evans, le président de la Société géologique.

De l'eau qui existe sous les glaciers quand la température de l'air est au-dessous du point de congélation.

Dans l'intérieur de la baie, la température de l'eau à la surface était de 0°, tandis que depuis que la gelée était survenue, nous n'avions pas constaté de température supérieure à — 1°,11 pour l'eau de mer. En la goûtant nous trouvâmes qu'elle était presque douce, ce qui expliquait suffisamment l'épaisseur inusitée de la glace nouvellement formée.

Ce même phénomène se reproduisit chaque fois que notre route nous fit passer dans le voisinage d'un torrent descendant d'un glacier, ce qui prouve qu'en pareil cas l'eau, se trouvant à l'abri de l'abaissement de la température, échappe à la congélation et continue à couler, quoique le thermomètre soit bien au-dessous de 0°.

Nous restâmes immobilisés par la glace jusqu'au 6 septembre, et ce ne fut que le 7 que nous pûmes atteindre l'île de Norman Lockyer. La glace ne nous fit faire qu'une seule halte, pour lui laisser le temps de s'ouvrir, et bientôt des chenaux de mer libre, serpentant au milieu des glaçons, nous permirent de traverser le tiers de la baie de la Princesse Marie. Nous étions à une époque si avancée de la saison qu'une fausse manœuvre nous eût probablement forcés de passer un autre hiver dans ces régions, sans aucun résultat capable de compenser un pareil sacrifice ; c'est pourquoi, avant de chercher à traverser le reste de la baie, je montai en compagnie du capitaine Stephenson, sur le sommet de l'île, d'où nous eûmes la joie d'apercevoir, à 20 milles environ de nous, un vaste espace de mer libre que nous savions s'étendre jusqu'à l'entrée du canal de Smith. Nous n'apercevions que quelques glaçons intempestifs, qui s'opposaient à notre marche vers le but désiré.

Après avoir signalé aux deux navires d'être prêts à appareiller, nous nous empressâmes de retourner à bord et, à l'exception d'une petite barrière de glace qui nous retint pendant une heure, quoique les deux équipages fussent occupés à la briser et que *la Discovery* la frappât à coups redoublés et sous toute vapeur, nous pûmes sans encombre parcourir les deux tiers de la baie; mais, arrivés là, notre marche en avant fut arrêtée par trois énormes glaçons paléocristiques qui, étranglés entre le cap Victoria et quelques icebergs échoués, empêchaient complétement la glace de dériver en dehors de la baie de la Princesse Marie.

Du haut des mâts, nous pouvions maintenant découvrir la mer libre; mais notre provision de charbon diminuait tellement que, si nous ne pouvions réussir à dégager nos bâtiments, ce qui nous en restait eût été insuffisant pour passer un second hiver.

Le 9, au changement de marée, il se produisit dans la glace un mouvement qui nous permit d'avancer d'un mille.

Le matin du 10, remarquant que la glace épaisse dont j'ai parlé plus haut semblait vouloir se dégager des icebergs qui l'emprisonnaient, je fis tenir la machine prête à marcher, et cinq minutes après, le chenal étant ouvert, nous le franchissions pour doubler le cap Victoria.

Assaut de la dernière barrière de glace

Après tout cela, nous n'avions plus qu'un seul obstacle sérieux s'opposant à notre marche en avant, obstacle résultant du calme qui régnait. La glace nouvelle était maintenant si bien prise que nous devions toujours marcher à toute vapeur, principalement là où nous devions ouvrir notre route par la force, à travers une glace où des morceaux épars des anciens glaçons avaient été resoudés ensemble par la nouvelle gelée.

A la dernière barrière de cette espèce, après que *l'Alert* l'eut billardée plusieurs fois, à toute vapeur et avec toute la vitesse possible, sans avoir obtenu aucun résultat, je fis ranger *la Discovery* le long de mon bord, avec la précaution de conserver entre nous un étroit glaçon qui empêchait les deux navires de s'aborder mutuellement, et, en nous élançant tous deux à toute vapeur, nous chargeâmes ensemble la malencontreuse barrière, que nous fîmes bientôt voler en éclats, ce qui nous permit de gagner la mer libre au large.

La mer libre.

A partir de cet endroit, le chenal existant me permit de gagner sans encombre le cap Sabine, où la glace s'ouvrit graduellement devant nous, jusqu'à ce qu'enfin il n'y en eut plus en vue de la mâture.

En passant à l'entrée du détroit de Hayes nous aperçûmes une quantité considérable de glace à quelque distance dans l'intérieur.

Navigation dans les chenaux de Kennedy et de Robeson.

En comparant le voyage du *Polaris* à celui de *l'Alert*

et de *la Discovery*, je pense que tout bâtiment aurait pu franchir le chenal avec le même bonheur que le premier de ces navires, s'il avait essuyé une bourrasque de sud-ouest semblable à celle que nous eûmes à supporter le 15 septembre 1875, et qui eut pour effet de chasser la glace devant elle.

La grosse mer que ce vent souleva dans le chenal de Robeson indiquait la présence d'une grande étendue de mer libre dans le sud. La difficulté eût consisté dans le choix d'un point de départ à une époque aussi avancée de la saison et après la venue des gelées. Un navigateur prudent, quoique toujours prêt à profiter de toute occasion favorable, aurait à cette date tenu son navire amarré dans quelque endroit suffisamment abrité pour y établir ses quartiers d'hiver, et, selon toute probabilité, se serait alors trouvé dans l'impossibilité d'atteindre le chenal de mer libre au moment de sa formation. Sans cette prévoyante mesure, son navire aurait couru les mêmes dangers que s'il avait été enfermé au milieu de la banquise. Les meilleurs points de départ sont le Port Foulke et le port Payer à l'entrée du canal de Smith. *Le Polaris* ne dut sa prompte traversée dans le nord qu'à son départ de l'entrée du canal de Smith à une époque avancée de la saison ; si ce départ avait eu lieu à toute autre époque, il aurait éprouvé les mêmes difficultés à s'avancer au nord, en 1871, que celles qu'il rencontra pour s'en retourner au sud l'année suivante. Il y avait autant de glace dans le chenal en 1871 qu'en 1872, 1875, 1876.

Lorsqu'on est arrivé à la latitude de la baie Polaris ou de celle de la baie Discovery, si le navire ne fait pas d'avaries, on peut, dans la plupart des cas et avec beaucoup de persévérance, tenter le passage en partant au commencement de la saison; mais ce sera toujours une traversée des plus dangereuses.

Les difficultés augmentent considérablement quand on arrive au chenal de Robeson, et l'on peut dire que tout dépend autant d'un concours de circonstances heureuses que de l'habileté du navigateur. Notre expédition mit 25 jours pour aller du cap Sabine à la baie Discovery; le voyage de retour dura le même temps, et cependant la distance entre ces deux points n'est que de 250 milles. Il nous fallut 7 jours pour aller de la baie Discovery à la mer Arctique et 12 pour faire le chemin inverse; ces deux points ne sont séparés l'un de l'autre que par une distance de 76 milles.

Pendant notre voyage au nord, nous ne mîmes à la voile qu'une seule fois et le chemin parcouru ne fut que de 20 milles. A notre retour dans le sud, nos voiles restèrent constamment serrées. Il ne saurait donc être question d'un navire à voiles pour faire un semblable voyage; toutefois, comme nous n'eûmes besoin de toute notre vapeur qu'en deux occasions, il n'est pas nécessaire d'avoir une puissante machine.

Tant que la glace reste obstinément fermée, il n'y a pas jusqu'à présent de puissance connue qui puisse vaincre sa résistance, et quand elle s'ouvre, une marche modérée permet au navire de s'avancer tranquillement avec la même vitesse que la glace qui se retire devant lui; il est bien rare qu'on ait à fournir une course rapide en avant.

Saisons tempérées de la baie de Baffin.

Toutes les observations concourent à prouver que, depuis quelques années, les froids rigoureux et habituels n'ont pas régné à la côte ouest du Groënland, où les Européens ont quelques établissements. Il en a été de même pour ce qui concerne la saison où la mer de Baffin se trouve libre ; on n'a que peu ou point trouvé de glace au nord du cap York pendant les mois de juillet et d'août.

L'établissement créé sur les îles aux Baleines a été abandonné pour quelque temps, le peu d'épaisseur de la glace rendant la pêche dangereuse. Pendant notre route au sud à travers la baie de Baffin, la température de l'eau était si élevée que la navigation doit être possible au large de Disco presque jusqu'à la fin de l'année, au point que l'inspecteur danois avait l'intention de s'absenter, dans un canot non ponté, pendant le mois de novembre.

Quand la mer libre domine pendant l'année, la glace qui se forme pendant l'hiver est nécessairement bien plus légère et bien plus mince qu'elle ne le serait si de nombreuses glaces flottantes et éparses se trouvaient là toutes prêtes à s'agréger ensemble, sous l'influence des gelées du nouvel hiver. C'est ainsi qu'une saison prématurée conduit forcément à une autre, et qu'à moins de circonstances fortuites, telles que des vents continus de la partie du sud-ouest venant à souffler pendant les mois d'été, la saison de 1877 doit être très-favorable à la navigation dans la mer de Baffin.

Au nord du canal de Smith, la saison est probablement toute différente de celle de la baie de Baffin; car le même vent de nord qui chasse la glace au sud vers le détroit de Davis, doit remplir le canal de Smith des lourdes glaces du pôle et, par conséquent, amener avec lui un froid considérable.

Les vents de sud qui chassent les glaces au nord de la baie doivent aussi dégager les chenaux du nord, et déverser la glace dans la mer Polaire, et amener avec eux une température plus douce que celle qui règne habituellement.

Migrations des Esquimaux.

Depuis le détroit de Hayes jusqu'au nord du cap Beechey, par une latitude de 81° 52′ N., endroit où le chenal de Robeson n'a que 13 milles de large, de nombreux ossements d'Esquimaux sont semés sur toute la côte ouest du canal de Smith. Au sud du cap Beechey, la côte permet de voyager facilement, tandis qu'au nord, les falaises abruptes et coupées de précipices ne permettent de se rendre d'un point à un autre que pendant le milieu de l'hiver, alors que la glace du chenal est absolument stationnaire. C'est avec le plus grand soin que j'ai examiné la côte au nord du cap Union, et je puis assurer que les Esquimaux n'ont jamais eu d'établissement permanent en cet endroit.

Les nombreuses observations que nous avons pu recueillir me portent à conclure que leurs bandes errantes traversent le chenal de Robeson, du cap Beechey au cap Lupton, à l'endroit même où l'expédition du *Polaris* découvrit leurs traces.

Bois flottants en dérive, preuve d'un soulèvement du sol.

Les quelques pièces de bois en dérive (toutes de l'espèce sapin) que nous avons pu ramasser sur les côtes de la mer Polaire, sont venues s'échouer là en venant de l'ouest. Nous en trouvâmes une à 2 milles de terre, sur les glaces mêmes de la mer Polaire; les autres furent rencontrées à différentes hauteurs, allant jusqu'à 45 mètres au-dessus du niveau de la mer.

La pièce de bois trouvée sur la glace était en très-bon état, l'écorce y adhérait encore; quant aux autres, qui paraissaient très-anciennes, elles étaient dans un état de décomposition très-avancé, généralement enveloppées d'une couche de vase d'anciens lacs évidemment formés par un soulèvement du sol.

A ces preuves d'un soulèvement général du sol, il convient d'ajouter les suivantes : à tous les caps proéminents les roches étaient polies et usées par la pression et le frottement de la glace de pied, aussi bien que par les glaçons que la banquise, sur son passage, écrase entre elle et la terre. Les marques de cette usure partent du niveau de la glace actuelle et vont, à une hauteur de 90 à 120 mètres, s'effacer sous la décomposition des roches. En outre, de nombreux lits de coquilles de mer et des dépôts de vase existaient à des hauteurs considérables.

Épaisseur de la glace en hiver.

A Floeberg Beach, la couche de glace formée pendant l'hiver à la surface de la mer avait, au commencement de juin, une épaisseur maximum de 2^{m},043. A la même date, sur un lac d'eau douce, la glace avait 2^{m},15, et l'eau, qui était profonde de 3^{m},60 au-dessous de cette glace, était à la température de 0°; ce qui prouve évidemment que les lacs profonds ne gèlent qu'à la surface.

Température de la terre.

La température minimum enregistrée par un thermomètre enterré dans le sol à une profondeur de 0^{m},60, et soustrait à toute variation brusque, fut —25°, alors que la température de l'air était de — 37°.

Avec le printemps, cette température s'éleva peu à peu jusqu'à —1°,3, à la fin de juillet. A cette époque, presque tous les torrents avaient cessé de couler et le temps devenait de plus en plus froid.

Le 13 et le 21 juin, les rayons du soleil étaient brûlants et firent monter le thermomètre à boule noire jusqu'à + 53° et + 54°, la température de la surface de la terre étant de — 2°,78 et celle de l'air de + 1°,11.

Température de la mer.

La température la plus froide de l'eau de mer fut de — 2°,22, la même à toutes les profondeurs. En plusieurs occasions, à l'aide du thermomètre de Negretti et Zambra, nous pûmes constater que la température de la surface de la mer au sud du chenal de Robeson était plus froide que celle des couches inférieures; la différence s'éleva une fois jusqu'à 1 degré 1/2 Fahrenheit.

Marées.

A Floeberg Beach, l'établissement du port est de 10 h. 44 m. (1), la mer ne monte que de 0m,91 dans les grandes marées, et seulement de 0m,49 dans les marées de mortes eaux.

Passage du cap Sabine.

Ayant déposé une notice à l'île de Norman Lockyer, et mon intention étant de toucher au cap Isabella, je passai près de notre station du cap Sabine sans la visiter. Toutefois, je pus observer que le cairn était intact, et qu'il paraissait être dans l'état où nous l'avions laissé.

---

(1) *L'établissement d'un port* est l'heure de la pleine mer le jour de la nouvelle et de la pleine lune dans ce port.

La baie de Payer et ses environs étaient libres de glace; le temps au calme.

Le 9 septembre, le temps se maintenant au calme, nous arrivions par le travers du cap Isabella. En y débarquant, mes hommes trouvèrent dans le dépôt quelques lettres et journaux laissés là par *la Pandora*. Les dates nous indiquaient que la visite de ce bâtiment avait eu lieu pendant l'année; mais, à part l'avis que, s'il était possible, un double des journaux serait débarqué au cap Sabine, nous ne trouvâmes rien qui pût nous indiquer les mouvements passés ou futurs de ce navire.

J'en conclus que le reste de notre courrier était à Disco; ce qui me décida à profiter du calme pour pousser à la vapeur sur les îles Carey, sans perdre du temps et dépenser du charbon en m'arrêtant à l'île Littleton, qui se trouve de l'autre côté du détroit.

Le vent du sud s'étant élevé, je fis mettre à la voile et nous atteignîmes, en louvoyant, le détroit de Whale, où nous étions le 11 septembre, n'ayant pas rencontré de glace depuis le canal de Smith. La brise ayant fraîchi jusqu'à souffler en coup de vent, dans la soirée du 12, j'ordonnai aux bâtiments de mouiller à la baie Bardin. Nous aperçûmes quelques Esquimaux à terre; mais le temps continuait à être si mauvais que, malheureusement pour eux, je voulus attendre au lendemain pour communiquer. Pendant la nuit, le vent, qui sauta subitement, nous mit dans une position dangereuse et nous fit appareiller par une nuit très-noire et un temps brumeux, qui m'empêchèrent de débarquer et de visiter le campement des Esquimaux, ainsi que j'en avais l'intention.

La roche hors de l'eau, qui est au large du cap Powlet, pointe la plus est de l'entrée de la baie et sur laquelle s'élève le village esquimau, est très-dangereuse. On ne peut pas trouver de bon mouillage en dehors du glacier de Tyndall, et nous fûmes obligés d'en prendre un par 41 mètres d'eau, dans une position exposée aux vents du nord, *la Discovery* amarrée à l'arrière de *l'Alert*.

Impossibilité d'atteindre les îles Carey.

Pendant les journées du 13 et du 14, nous fîmes route au sud dans la direction de l'île Wolstenholm, par un temps calme et de folles brises d'ouest, qui ne nous auraient permis d'atteindre les îles Carey qu'au prix d'une dépense exagérée de notre provision de charbon, déjà fort diminuée. Par ailleurs, la houle soulevée par le dernier coup de vent de sud devant rendre le débarquement impossible, je fus obligé de passer sans prendre les lettres laissées par *la Pandora* l'année précédente, sacrifiant ainsi ce courrier tant désiré et dont nous étions privés depuis quinze mois.

Nous traversons l'entrée du détroit de Lancastre.

A partir du sund de Wolstenholm, une brise de sud-ouest nous permit de traverser et d'atteindre le cap Byam Martin, situé à l'entrée du détroit de Lancastre, où nous arrivions le 16 sans avoir rencontré de glace et la température de la mer variant entre $-0°,56$ et $+1°,11$.

En faisant route à l'est à la vapeur, nous rencontrâmes une autre brise de sud-est qui nous fit atteindre la partie sud de la baie de Melville, et nous permit de faire route au sud le long de la côte du Groënland.

Je pensai qu'il valait mieux avoir à retraverser la baie de Baffin que de se tenir à la côte ouest, où nous aurions couru le risque d'être pris entre la banquise du milieu et la côte.

Arrivée à Disco.

Le 20, nous étions en vue du cap Shackleton et, le 23, nous arrivions à Disco, ayant éprouvé des vents debout continuels, depuis le 10, jour de notre départ de l'entrée du canal de Smith. Pendant toute cette partie de notre traversée, nous ne rencontrâmes qu'une seule traînée de glace ; encore était-elle très-légère.

A notre arrivée, M. Krarup Smith, inspecteur du Groënland Nord, nous autorisa fort gracieusement à enlever trente tonneaux de charbon de son petit approvisionnement, et nous informa qu'il y en avait encore vingt tonneaux à notre disposition à Egedesminde, si nous voulions nous y rendre. Afin de faire bénéficier l'expédition de sa présence et nous faciliter ainsi l'acquisition de nos vivres, M. Krarup voulut bien nous accompagner jusqu'à ce dernier port. Les soins et les attentions qu'il nous témoigna pendant notre séjour à Disco nous enchantèrent, et il est impossible d'être mieux accueilli que nous ne l'avons été par le digne inspecteur.

Plusieurs des habitants d'Egedesminde étant malades du scorbut, je fis au gouverneur cadeau d'une certaine quantité de jus de citron pour être distribuée aux malades.

M. Smith nous apprit que toutes nos lettres, à l'exception de quelques-unes laissées au cap Isabella, avaient été déposées à l'île Littleton. Comme nous n'en avions trouvé que très-peu dans le premier de ces endroits, nous eûmes le chagrin de perdre ainsi presque toute notre correspondance officielle et privée (1). Notre char-

(1) Ceux qui n'ont jamais quitté les leurs, pour affronter les privations de toute sorte de la vie du marin, ne pourront qu'imparfaitement comprendre la déception que durent éprouver les

bon fait et nos navires prêts pour la mer, nous quittons Egedesminde le 2 octobre, et cette fois *home bound* (1).

Traversée de retour.

Le 4 octobre, les deux navires traversèrent de nouveau le Cercle polaire arctique, juste quinze mois après l'avoir passé en se rendant dans le Nord.

Le temps devenant plus chaud et plus humide, quelques hommes souffrirent de rhumatismes et de rhumes.

Le 12, pendant un violent coup de vent que les deux navires essuyèrent à la cape (2), sous le grand hunier au bas ris (3) et une voile de cape, la tête du gouvernail de *l'Alert*, déjà tordue quand le navire avait été pris dans les glaces, s'échappa des ferrures qui avaient servi à la réparer, ne laissant que la partie basse du gouvernail en bon état. Je n'avais pas, avant de quitter l'Angleterre, pris de dispositions pour remé-

---

équipages arrivant à Disco et n'y trouvant pas ce bienheureux courrier, dont l'arrivée à bord est le seul jour de fête des campagnes lointaines. Le récit de Nares est tellement sobre, qu'il ne parle même pas de la lutte que l'homme privé et le chef eurent à soutenir en lui, pour se résoudre à passer devant les îles Carey sans prendre le courrier qu'il croyait y avoir été déposé par *la Pandora*.

(1) Les mots *home bound* ne sont pas faciles à traduire en français, attendu que rien ne peut dans notre langue rendre le mot *home*, qui a pour les Anglais et même pour les Français qui ont vécu longtemps en Angleterre un charme particulier, une indéfinissable poésie que des circonlocutions affaibliraient sans les faire mieux comprendre. Littéralement, *home bound* veut dire : *En route pour la patrie.*

(2) *Être à la cape* se dit d'un navire qui, la barre sous le vent et presque à sec de toile, présente le côté et se tient en travers au vent sans pouvoir faire route.

(3) *Grand hunier au bas ris :* le grand hunier est la voile que porte le grand mât de hune ; on en diminue la surface en y prenant des ris. Elle se trouve aussi réduite que possible quand on a pris le bas ris.

dier à un pareil accident; il nous fallut donc beaucoup de travail et d'efforts pour improviser à la mer un appareil qui nous permît de gouverner. Cependant nous arrivâmes à diriger convenablement le navire pendant notre traversée de l'Atlantique, en ayant soin de manœuvrer les voiles de façon à faire supporter au gouvernail le moins d'efforts possible.

Le 19, pendant un coup de vent violent, nous perdîmes de vue *la Discovery*, qui fit route toute seule pour le rendez-vous que je lui avais assigné à Queenstown.

Pendant notre traversée, les vents du sud dominèrent constamment. Le gouvernail de rechange ayant été lui-même fort avarié dans le Nord, nos ouvriers l'ont réparé, et il peut maintenant nous servir. Dès qu'il sera mis en place, *l'Alert* fera route pour Portsmouth.

Signé : G. S. NARES,
CAPITAINE DE VAISSEAU,
COMMANDANT L'EXPÉDITION ARCTIQUE.

Ici se termine la relation du commandant Nares ; nous y ajoutons les quelques lignes suivantes :

Arrivée des navires à Portsmouth.

L'Alert et *la Discovery* arrivèrent ensemble en vue du feu flottant du Warner (1), le mardi 2 novembre, à 9 heures du matin. Une brume épaisse, qui avait régné pendant toute la nuit, les avait un peu retardées au moment d'atterrir.

La nouvelle de leur arrivée fut immédiatement télégraphiée à Portsmouth, et, à midi, l'Angleterre entière apprenait avec une légitime satisfaction le retour à

(1) Bateau-feu à l'entrée de la grande rade de Portsmouth.

bon port d'une expédition qui venait de donner à sa gloire maritime un nouvel et légitime éclat.

La ville de Portsmouth tout entière fut saisie d'enthousiasme, et en un clin d'œil tous les bateaux à vapeur disponibles quittèrent les quais pour conduire au large une foule de curieux, avides du plaisir de saluer les premiers le retour des vaillants navires.

L'amiral Georges Elliot, commandant en chef le port et l'arsenal, appareilla avec son yacht *la Fire Queen*, pour aller au-devant du capitaine Nares.

A une heure d'après-midi, *l'Alert* et *la Discovery*, précédées de *la Fire Queen* et entourées d'une flottille de vapeurs chargés de monde, firent leur entrée en rade.

Les navires de l'escadre avaient leurs hommes sur les vergues et étaient pavoisés comme aux jours de fête.

Les troupes de la garnison étaient rangées sur les remparts.

Au moment où l'expédition passa près de l'escadre, les matelots la saluèrent de hurrahs frénétiques, auxquels leurs camarades de *l'Alert* et de *la Discovery* répondirent, avec l'orgueilleuse émotion que donne le sentiment du devoir accompli au prix des dangers les plus grands qu'il soit donné à l'homme de braver.

Une foule immense rassemblée sur la plage de Southsea donna la première le signal des applaudissements et des vivats, auxquels répondirent bientôt ceux des soldats massés sur les batteries du port et ceux des ouvriers de l'arsenal, qui avaient quitté leurs travaux pour accourir sur les quais.

Un peu avant d'entrer dans le port, *l'Alert* et *la Discovery* firent monter leurs matelots sur les vergues, et quand les deux navires donnèrent dans les jetées, ce fut avec un recueillement profond et une indescriptible émotion que ces hommes, impassibles devant le péril, écoutèrent tête nue le *God save the Queen* que les musiques de terre jouaient sur leur passage.

Ce chant national, dont après deux ans d'absence et de danger les accents graves et religieux venaient caresser le sentiment national, si profondément enraciné dans leur cœur de marins, leur semblait être l'harmonieuse expression des remercîments de leur Souveraine, les accueillant au nom du pays, comme les plus braves et les plus chers de ses sujets.

FIN.

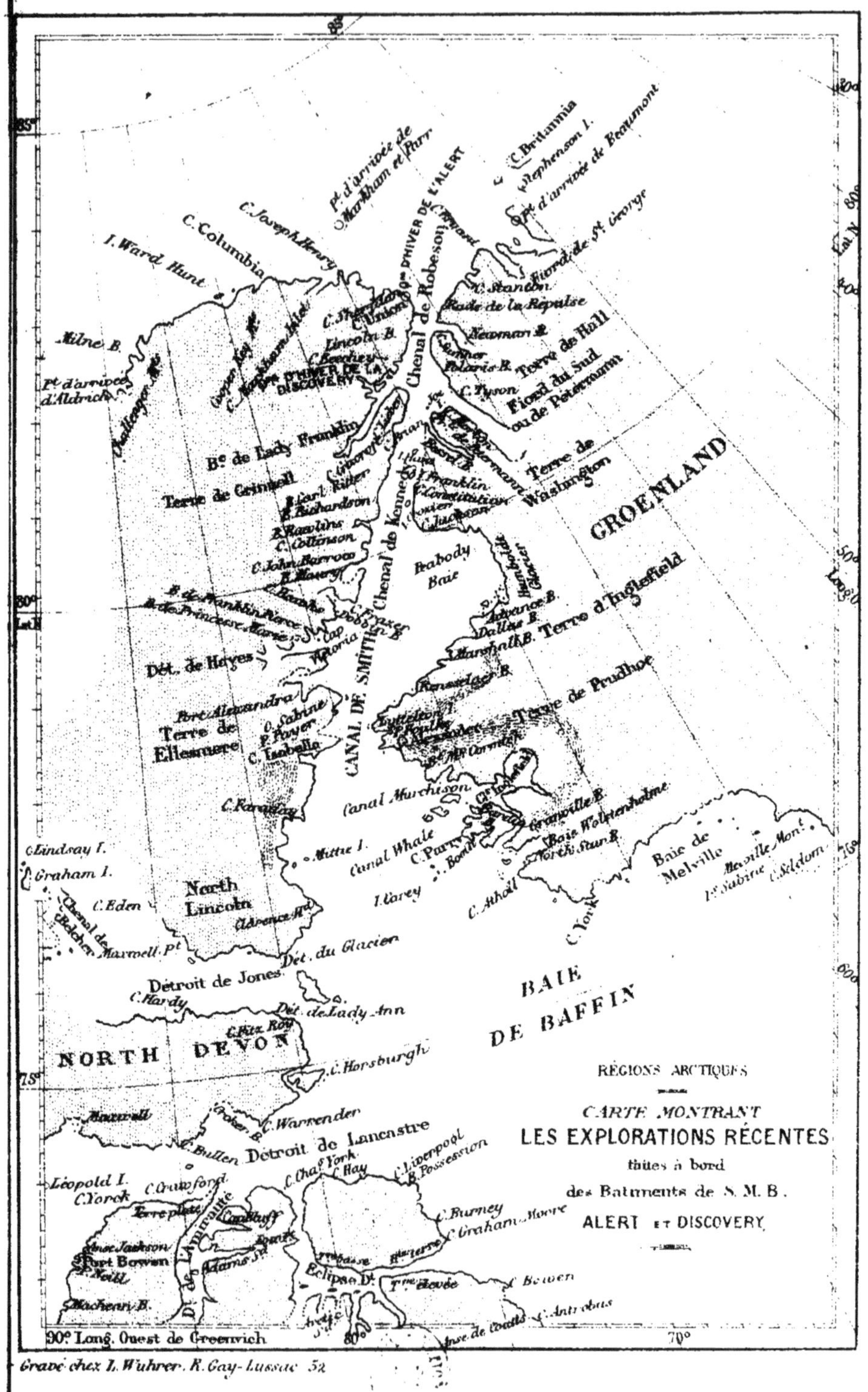

Gravé chez L. Wuhrer, R. Gay-Lussac 52

TABLE DES MATIÈRES

Pages

IMPRIMERIE CENTRALE DES CHEMINS DE FER — A. CHAIX ET Cie,
RUE BERGÈRE, 20, A PARIS. — 1842-7.

www.ingramcontent.com/pod-product-compliance
Ingram Content Group UK Ltd.
Pitfield, Milton Keynes, MK11 3LW, UK
UKHW021140260726
13994UKWH00001B/230